鲁迅藏品珍赏

鲁迅藏
汉画珍赏

方清刚 编著

辽宁美术出版社

图书在版编目（CIP）数据

鲁迅藏汉画珍赏 / 方清刚编著. — 沈阳 : 辽宁美术出版社, 2020.3

（鲁迅藏品珍赏）

ISBN 978-7-5314-8612-1

Ⅰ. ①鲁… Ⅱ. ①方… Ⅲ. ①画像石—拓本—中国—汉代 Ⅳ. ①K879.422

中国版本图书馆CIP数据核字（2019）第292385号

出 版 者：辽宁美术出版社

地　　址：沈阳市和平区民族北街29号　邮编：110001

发 行 者：辽宁美术出版社

印 刷 者：辽宁星海彩色印刷有限公司

开　　本：889mm × 1194mm　1/16

印　　张：15.5

字　　数：255千字

出版时间：2020年3月第1版

印刷时间：2020年3月第1次印刷

责任编辑：时祥选

美术编辑：王哲明　宋　健　张　畅

封面设计：留白文化 · 郝　强

版式设计：鼎籍文化 · 杨光玉

责任校对：郝　刚

书　　号：ISBN 978-7-5314-8612-1

定　　价：100.00元

邮购部电话：024-83833008

E-mail：53490914@qq.com

http://www.lnmscbs.cn

图书如有印装质量问题请与出版部联系调换

出版部电话：024-23835227

总 序

鲁迅不是收藏家，虽然他收藏了很多古代和外国美术品，正如他不是藏书家，虽然他一生购读了很多图书。他购买书籍、美术品，是为创作研究之用。鲁迅是卓有成就的文学大师，他的读书和收藏为他思想的形成提供了营养。

日常生活中的鲁迅，是一个很有条理的人，家中物品分类归置，井井有条，从北京阜成门西三条旧居的家用账和南房藏书室书箱上的编号，到编写的多种金石藏品目录，略可窥见他这一特性。这样的好习惯很利于个人藏品的保存。当然，最重要的是，鲁迅的遗物和藏品遇到了一个好时代，得以入藏国家设立的博物馆和纪念馆，而不至于流散，直到现在还完好无缺。中华人民共和国建立后，考虑到自然和地理等原因，鲁迅的大部分物品被迁移到北京，这就是全国六家鲁迅博物馆和纪念馆中，北京鲁迅博物馆藏品较多的原因。北京鲁迅博物馆所收鲁迅藏品，单是中国历代金石拓本就有 5100 余种、6000 余张，大略可分为刻石类，包括碑碣、汉画像、摩崖、造像、墓志、阙、经幢、买地券等；吉金类，包括钟鼎、铜镜、古钱等；陶文类，包括古砖、瓦当、砚、印等。

鲁迅少年时代喜欢购置图书，特别倾心于图画书，留学时期接触日本和欧洲美术；回国后，尤其是在北京教育部任职期间大量收集中国古代美术品，并整理研究；晚年因应时代需要，提倡新兴木刻，介绍欧美佳作，可谓坚持不辍，终生以之。

鲁迅购买美术品有几个时期比较集中。在北京时，他锐意搜集古砖、造像、墓志的拓本和瓦当文字，陆续辑成《汉画象目录》《六朝造象目录》《唐造象目录》《六朝墓志目录》《俟堂专文杂集》等，可惜这些书稿在他生前未能出版。他收藏的美术品，大部分都是他自己购买的，也有来自友人的赠送。教育部同事杨莘士回忆说："辛亥革命后，他至教育部社会司做第二科科长。我在普通司做第二科科员，又同住北京顺治门外南半截胡同，朝夕过从。民二我改任视学，经年外出视察，其时他爱好碑文和木刻。每次出发之前，他必告我，你到某处为我拓某碑文来，如梁武祠石刻（曾见鲁迅所著某种书面上刻有一人乘车一人驭马而行者即此石刻），西安碑林之景教碑，泰山顶上之秦始皇的没字碑下方的帝字，尤喜碑阴文字和碑座所刻人象和花纹之类，我必一一为他搞到。"据鲁迅日记，杨莘士经手购买和赠送的石刻拓本有颜鲁公像、刘丑奴造像、周天成造像、大秦景教流行中国碑额、梵汉合文经幢、摩利支天等经、田僧敬造像记、夏侯纯陀造像记、钳耳神猛造像记、云寺弥勒重阁碑等。

鲁迅收藏的金石拓本种类丰富。周作人在《鲁迅的故家 · 花瓶》中回忆："民国以后他搞石刻，连带的收集一点金石小品，如古钱、土偶、墓砖、石刻小佛像等，只是看了喜欢；尤其是价值不贵，这才买来，说不到收藏，犹如人家买一个花瓶来放在桌上看看罢了。"鲁迅的收藏是为了学术研究，不是为了保值升值。学术价值高的拓本，他当然很想拥有，但物美价也就不廉，他常常因为资金短缺，无力购置。不过也有幸运的时候。有一个时期，市面上流出清朝封疆大吏端方的藏品，他在琉璃厂遇到，买了不少。如 1916 年 7 月 28 日在琉璃厂买到端方藏石拓本一包，其中有汉、魏、六朝碑碣 14 种 17 枚，六朝墓志 21 种 27 枚，六朝造像 40 种 41 枚；1919 年 2 月 16 日，在德古斋买端氏所藏瓦当拓片 32 枚，3 月 3 日又在德古斋买得端氏所藏瓦当拓片 260 枚。此外，端氏所藏而为鲁迅购得的东汉刑徒砖数量也很可观。

鲁迅生前对这些藏品做了整理和编目。在大学任教时，还派上了用场。例如，他担任厦门大学国学院研究教授时，曾拿出一些，举办展览会，还希望申请学校的研究项目，但因条件限制，没有实现。到上海后，他仍很想有所作为，还曾计划回到北平整理汉画像藏品，也因为种种原因没有实现。他的学术研究项目中，有一项是整理出版汉画像等资料，以图像诠释汉代社会生活。1935 年 11 月 15 日，他在写给台静农的信中说明了自己选印汉画像的计划："我陆续曾收得汉石画象一箧，初拟全印，不问完或残，使其如图目，分类为：一，摩厓；二，阙，门；三，石室，堂；四，残杂（此类最多）。材料不完，印工亦浩大，遂止；后又欲选其有关于神话及当时生活状态，而刻划又较明晰者，为选集，但亦未实行。”他还计划撰写中国文学史和中国字体变迁史，历代金石拓本当然是很重要的参考资料。

蔡元培评价鲁迅这项工作说：“金石学为自宋以来较发达之学，而未有注意于汉碑之图案者。鲁迅先生独注意于此材料之搜罗……”（《〈鲁迅全集〉序》）还说过：“他在北平时已经搜罗汉碑图案的拓本。从前记录汉碑的书注重文字，对于碑上雕刻的花纹毫不注意。先生特别搜辑，已获得数百种。”（《记鲁迅先生轶事》）许寿裳也说：“（鲁迅）搜集并研究汉魏六朝石刻，不但注意其文字，而且研究其画像和图案，是旧时代的考据家赏鉴家所未曾着手的。他曾经告诉我：汉画像的图案，美妙无伦，为日本艺术家所采取。即使是一鳞一爪，已被西洋名家交口赞许，说日本的图案如何了不得，了不得，而不知其渊源固出于我国的汉画呢。”（《亡友鲁迅印象记》）鲁迅到上海后，仍然关注金石研究领域的动向和成果，听说河南有汉画像石出土，立即出资雇用当地工人拓印。

在上海，鲁迅于美术收藏方面开拓了新的领域。他敏锐地看到了西方版画对于反映现实生活的快捷和实用，视之为中国社会急需的艺术形式。他购买的外国版画近两千幅，其中有德国珂勒惠支和格罗兹、比利时麦绥莱勒等名家的作品，也有大量苏联木刻。他举办讲习班和展览会，培养青年木刻家，同时指导他们的创作，为他们举办展览，结集出版，汇集到他手中的作品也有近两千幅。

以上这些，就构成了鲁迅美术藏品的主体。

最近，北京鲁迅博物馆开始对这些藏品进行整理，并拟出版全集。研究人员从各类藏品中挑选若干，编辑成册，配以说明，并加鉴赏，总题为“鲁迅藏品珍赏”。丛书计划分批出版，共十二册，包括：碑碣、汉画像、砖文、瓦当、铜镜古钱、造像、笺纸、中国现代版画、欧美版画、苏联版画、日本版画、明信片。

北京鲁迅博物馆同仁是承担丛书编写任务的主体。我们还有幸邀请到上海鲁迅纪念馆的研究人员撰写中国现代版画一册，因为这部分藏品大多收藏在他们那里；又约请方清刚先生撰写汉画一册，因为他在这方面收藏颇富，素有研究。

黄乔生

2020年1月18日

序　言

鲁迅先生收藏的美术品是颇为丰富多彩的。以拓本为例，鲁迅生前收集历代拓本 5100 余种、6000 余幅。无论是在中国金石学界，还是放眼于中国收藏史，这都是极其罕见的。重要的是，鲁迅学贯中西，博古通今，一生工作、生活于当时中国文化教育界顶层，交往名家如云，自己又精于传拓，这使得他收藏的拓本不仅数量闳富，而且不乏珍品、精品，堪称一座辉煌灿烂的文化宝库。

在鲁迅的收藏中，700 余幅汉画像石拓本尤为炫目。

蔡元培在《记鲁迅先生轶事》中说，鲁迅早在 1913 年已经注意搜辑汉碑图案的拓本，“从前记录汉碑的书注重文字，对于碑上雕刻的花纹毫不注意。先生特别搜辑，已获得数百种”。1936 年 8 月 18 日，就在逝世前两个月，病魔缠身的鲁迅还在关心着南阳汉画拓本的收集。他在给南阳青年王正朔的信中说：“桥基石刻，亦切望于水消后拓出，迟固无妨也。”这被汉画学者称为鲁迅关于中国汉画拓本的“遗嘱”，从中既可以看出汉画收集贯穿了鲁迅一生，也可以感受到他呕心沥血，“我以我血荐轩辕”的工作作风。

鲁迅对汉画是有着深入研究和独到见解的。鲁迅挚友许寿裳说，鲁迅“搜集并研究汉魏六朝石刻，不但注意其文字，而且研究其画像和图案，是旧时代的考据家赏鉴家所未曾着手的”。《鲁迅藏拓本全集・汉画像卷Ⅰ》收录的《七日山画像之三》鲁迅注：“七日山三石，鱼形之一石，《山左金石志》不载。”这说明鲁迅对前人相关论著有所参考。《徐村画像》鲁迅注：“此汉画像残石六枚，有字之一枚从河南来（字盖伪刻），他五枚从山东来，不知确出何处。”这也是鲁迅对汉画曾经有所研究的明证。

和陈介祺、吴大澂等金石大家一样，鲁迅特别重视拓工和制拓用纸墨。他与同时期的金石大家和传拓名家马衡、姚茫父等关系密切，是琉璃厂文化街各大古玩店的常客，并且精于拓碑。早在杭州和绍兴任教期间，鲁迅就常与周作人流连山野，访碑拓碑。五四运动前夕，鲁迅常常在绍兴会馆“抄古碑”，其中就包含着拓碑的内容。1934 年 6 月 9 日，鲁迅在给台静农的信中说，自己搜集的石刻画像虽然不少，但“颇有拓工不佳者”。鲁迅希望台静农代为补收，“一面收新拓，一面则觅旧拓”。此后数日，鲁迅又致信台静农，称：“但所谓‘可观’者，系指拓工而言，石刻清晰，而拓工草率，是为不‘可观’，倘石刻原已平漫，虽则图象模糊，固仍在‘可观’之列耳。”1935 年 11 月 18 日鲁迅在给王冶秋的信中说：“此款乞代拓南阳石刻，且须由拓工拓，因为外行人总不及拓工的。至于用纸，只须用中国连史就好（万不要用洋纸），寄来的十幅中，只有一幅是洋纸，另外都就是中国连史纸，今附上标本。”1935 年 12 月 21 日、1936 年 1 月 28 日，鲁迅两次得到南阳青年杨廷宾寄来的南阳汉画像石拓本 115 幅，他在给台静农的信中说“纸墨俱佳”，说明他对这批拓本质量是满意的。

鲁迅最为人乐道的是他关于汉画的独特见解和将汉画用于现代木刻的尝试。

汉画蕴含的精彩的文化品质，从中折射出的汉代社会昂扬的时代精神，极为鲁迅所重视。鲁迅曾经将历代艺术加以比较，发表了许多精湛的意见。他赞扬汉人“闳放”称汉唐“虽然也有边患”，但“魄力究竟雄大，人民具有不至于为异族奴隶的自信心，或者竟毫未想到”。从大量汉代画像石拓片中，鲁迅敏锐地感悟到，这些看似古老残缺的东西中，依然留存涌动着新鲜的艺术生命与光芒，表现了中国传统文化上升期昂扬饱满的精神风貌。在民族贫弱的时候，这种精神气质尤为可贵。1928 年，陶元庆尝试把一些中国古代铜器和石刻上的纹样用到书面图案中去，鲁迅非常赞成，很感兴趣，拿出自己收藏的汉画拓本给陶元庆和钱君匋等青年艺术家看。1935 年 2 月 4 日，鲁迅致李桦信说：“至于怎样的是中国精神，我实在不知道。就绘画而论，六朝以来，就大受印度美术的影响，无所谓国画了；元人的水墨山水，或者可以说是国粹，但这是不必复兴，而且即使复兴起来，也不会发展的。所以我的意思，是以为倘参酌汉代的石刻画像，明清的书籍插画，并且留心民间所赏玩的所谓‘年画’，和欧洲的新法融合起来，许能够创出一种更好的版画。”1935年9月9日致李桦信说：“惟汉人石刻，气魄深沈雄大，唐人线画，流动如生，倘取入木刻，或可另辟一境界也。”中国现代木刻艺术离不开鲁迅；因为鲁迅，汉画也成为中国现代木刻艺术的重要文化基因。

碑帖和汉画拓本不仅是鲁迅的情之所钟，心之所系，其精彩而渊深的内容也成为鲁迅的文化大餐，化为鲁迅的重要精神滋养。鲁迅在他的著作中信手拈来，尤其是汉画拓本，成为鲁迅著作中的一道独特景观。他在《墓碣文》中说：“我梦见自己正和墓碣对立，读着上面的刻辞。那墓碣似是沙石所制，剥落很多，又有苔藓丛生，仅存有限的文句——”在《说胡须》中说：“清乾隆中，黄易掘出汉武梁祠石刻画像来，男子的胡须多翘上；我们现在所见北魏至唐的佛教造像中的信士像，凡有胡子的也多翘上，直到元明的画像，则胡子大抵受了地心的吸力作用，向下面拖下去了。”在用日文写的《在现代中国的孔夫子》里，鲁迅写道：“然而倘是画像，却也会间或遇见的。我曾经见过三次：一次是《孔子家语》里的插画；一次是梁启超氏亡命日本时，作为横滨出版的《清议报》上的卷头画，从日本倒输入中国来的；还有一次是刻在汉朝墓石上的孔子见老子的画像。说起从这些图画上所得的孔夫子的模样的印象来，则这位先生是一位很瘦的老头子，身穿大袖口的长袍子，腰带上插着一把剑，或者腋下挟着一枝杖，然而从来不笑，非常威风凛凛的。”这些不仅使鲁迅作品妙趣横生，“郁郁乎文哉”，而且持之有故，恰到好处，成为“鲁迅风”的重要内容。

鲁迅收藏汉画拓本的过程中不乏趣谈和美谈，令人兴味盎然。据鲁迅日记，1915年11月24日，德古斋送来拓本，鲁迅从中选取匋斋藏汉画像残石一枚，此拓端方《匋斋藏石记》中没有记载。这样的收获，想必会让鲁迅顿生喜出望外之感。1918年4月14日，鲁迅往琉璃厂德古斋，用重复的拓片换取其他拓本，选取残画像一枚。这是典型的“以藏养藏”。1934年4月22日鲁迅致姚克信，说朱鲔石室“四五年前用泥塞起来了（古怪之至，不知何意）”，而石室画像在石室“未塞之前，拓了一次，闻张继委员有一套，曾托人转辗去借，而亦不肯借，可笑”。这说明鲁迅在收藏过程中也是吃过“闭门羹”的。当然，在鲁迅日记和书信中，更多的还是他的挚友和亲人帮助搜拓购拓的感人故事，蔡元培、许寿裳、陈师曾、马衡、周作人、沈尹默、沈兼士、曹聚仁、钱稻孙、杨莘耜、周建人、台静农、王叔钧、王冶秋、杨廷宾、王正朔、王正今等文化名流和热血青年的无私帮助，某种意义上也成就了鲁迅的汉画收藏，其情谊融融，至今令人肝胆俱热。

鲁迅生前是计划将自己收藏的汉画拓本精选出版的，而且亲手写了出版体例。遗憾的是，鲁迅的这一愿望没有实现。1986 年，北京鲁迅博物馆、上海鲁迅纪念馆联袂编辑整理，由上海人民美术出版社出版《鲁迅藏汉画象》。2014 年，北京鲁迅博物馆编《鲁迅藏拓本全集 · 汉画像卷》出版。但是，这两部图书重在鲁迅藏汉画拓本的刊布，对画像内容均未做说明。也因为此，多年来，鲁迅所藏美术品仅在学术领域传播，未能进入大众视野，一般读者对鲁迅藏汉画依然不甚了了。

有鉴于此，北京鲁迅博物馆与辽宁美术出版社计划出版一套介绍鲁迅藏美术品的赏鉴读本，北京鲁迅博物馆常务副馆长黄乔生先生推荐我来撰写汉画这一本，这让我深感荣幸又诚惶诚恐。最终答应下来，有两个原因。一是三年前，华侨大学郑锦扬教授鼓励我用诗词的形式对鲁迅藏汉画“一画一咏”。尽管我有自知之明，但从此开启了关注和研究鲁迅藏汉画的一扇窗。二是还在高中时，我曾夸下海口，将来要写一部《鲁迅传》。尽管白云苍狗吞噬了我的“鲁迅梦”，但我知道，就像天狗吞日还会把太阳吐出来一样，保不准哪一天，我的“鲁迅梦”也会复活，新鲜如初。就这样我不揣浅陋，以蜀犬吠日的勇气，接下本书的撰写任务。

呈现在读者面前的这本薄书，与其说是圆我心中的一个梦，毋宁说是我致敬鲁迅的一份薄献。

解读的过程，也是学习的过程、发现的过程。其中的孜孜矻矻、心领神会，既“不足为外人道”，又“妙处难与君说”。

这里，我想特别提一下关于流失海外的山东嘉祥武氏祠左石室第一石最下层范雎蒙难系列故事的解读。

这是一幅带有多处榜题的连环汉画。清末瞿中溶《汉武梁祠画像考 · 范赎》释出“范赎”“外黄令”“赎诣寺门，求代考躯”“范赎兄考”等榜题，并做简单说明。高文《汉碑集释》除此之外还有“义士”“令”等解释。我在高中生方思聪帮助下，借助放大镜和文字、图像补写、补绘，读出“范赎”实为范雎，“范赎兄考”实为范雎足考（榜），“求代考躯”实为求代考貇（除），“义士”实为荧正（嬴政），“令”实为齐（魏齐）。如此，蒙尘近两千年的范雎蒙难汉画得以昭雪。

瞿中溶在《汉武梁祠画像考》序言中言及黄易在嘉祥“搜访踪迹，一一出诸土中”，“而别得一石，有颜叔独处等十榜。所题百余字及画像，则又洪氏所未见，而为小松创获者也”，因而慨叹：“虽物之显晦有时，其亦天所以酬小松好古之苦心欤！”范雎蒙难系列汉画正是出自一百多年前黄小松抢救发掘、瞿中溶感喟连连的这方珍贵的汉画像石。在释读鲁迅藏汉画拓本中，我也每每有“天所以酬小松好古之苦心欤”的愉悦体验。而念及原石沦亡海外，归国无期，不由感斯痛何极！

感谢鲁迅，为我们保存了国之瑰宝，也为我们创造了研究欣赏这些灿烂文化的机会。

本书撰写先后得到以下专家学者的帮助指导：中国历史学会秦汉史专业委员会主任、中国国家博物馆原田野考古部主任信立祥，北京鲁迅博物馆夏晓静，北京大学汉画研究所徐呈瑞，西北民族大学钟力，敦煌研究院王志鹏，徐州汉画艺术馆武利华，山东省石刻艺术馆杨爱国，南阳汉画馆牛天伟，南阳理工学院杨士峻等。在此谨向他们致以衷心的感谢！

特别感谢黄乔生先生，他的信任和委托让我得以系统学习研究鲁迅藏汉画拓本，并结出这样一颗小小的果实。

本书的撰稿主要是在己亥年春节期间完成的。感谢我的家人和亲友，他们的理解和支持让我专心致志，也让我度过一个无比充实的春节。

我深知才疏学浅，只是为了一圆当年的“鲁迅梦”而斗胆承接本书的撰稿任务。加上时间紧迫，选择的拓本未必精当，许多地方来不及进一步推敲，不少释读未必确当。在此诚恳期待各位方家和广大读者批评指正！

方清刚

2019年7月于郑州

目　录

贰　山东汉画

（一）武氏祠汉画

（二）山东各地汉画

叁　四川、甘肃汉画

壹

河南南阳汉画

日月星

这是一幅日月星辰并耀图。

画中左边为一只巨大的阳乌。阳乌头部有一株柔曼的萱草。萱草上部自乌头顶蜿蜒而出，形同花冠；下部自乌喙垂延，与花冠合成草龙式流云。乌身团圆有翼，象征太阳。乌尾部非鸟尾形，似长裙。长裙被三根两端呈涡纹状的“几”字形线条分割成三段，上面的涡线纹既似衣上流苏，又似鸟之长羽，也似日珥与日光。

居中圆饼形为月。类似这种日月同辉的汉画像石上，月中多刻蟾蜍。此画上月魄

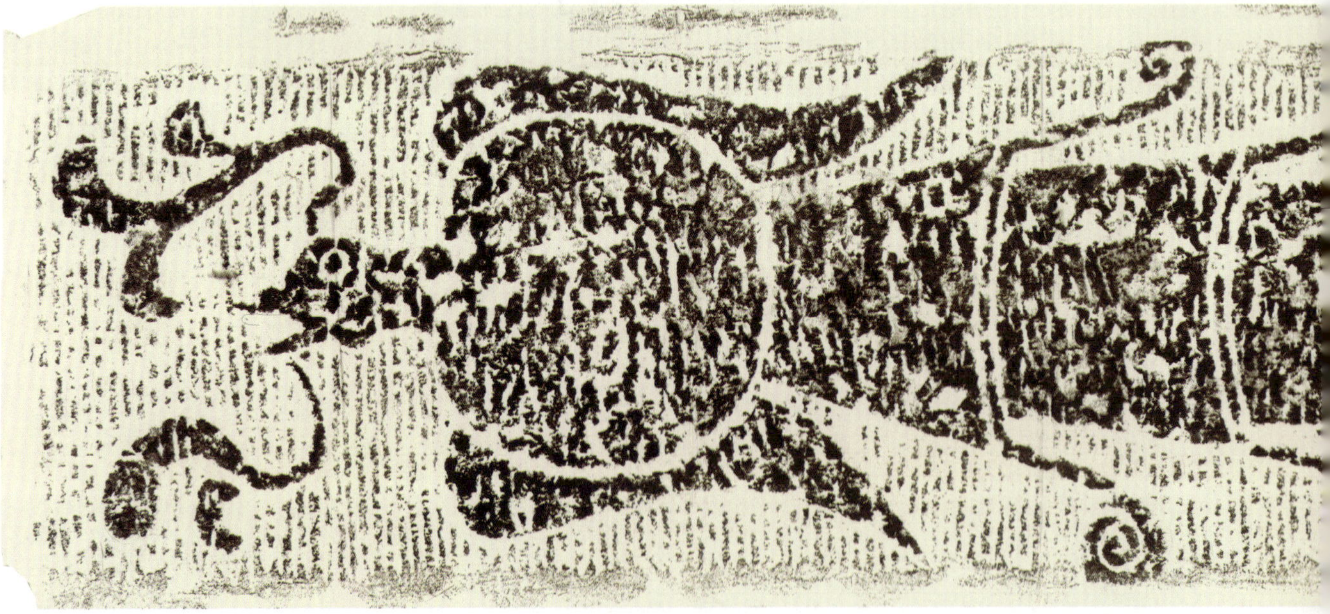

过于斑驳，蛙蟾未形，可作蛙或蟾蜍理解，也可视为白璧一轮，因南阳汉画也有月上不作任何具象雕刻的。

右边六星，其状如北斗缺一杓星，可作北斗理解，也可视为南斗，或直接作星辰理解。

这幅汉画以奇特的想象、浪漫的造型，表达了汉代先民对日月星辰的认识，其中寄托了美好的祝愿和温暖的情感。

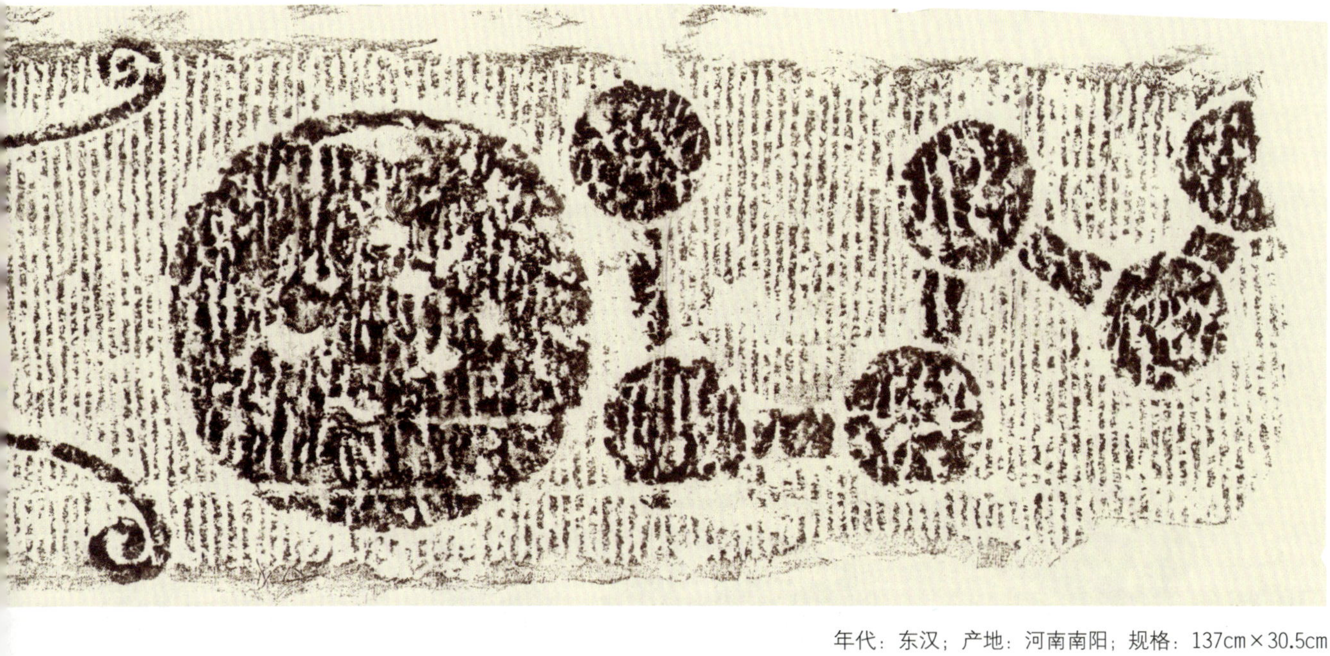

年代：东汉；产地：河南南阳；规格：137cm×30.5cm

日出入行

《山海经·大荒东经》记载有一个上古神话：天上有十日，十日分别由十只乌鸟负载，轮流值日，每天由一个太阳搭乘一只乌鸟巡行于天，夜晚归来，第二天由另一个太阳出行。这样日出日入，循环往复。

此汉画刻绘的正是这样一幅日出日还图景。

画中左边为一只凤鸟形的阳乌，鸟身，生蓓蕾冠，有双翼和漂亮的尾翎。鸟身如圆盘，代表太阳。这是一只归来的阳乌。

画中右边是另一只阳乌，鸟头鸟喙，有双翼，生忘忧草式三瓣萱花，腹躯为日盘。这是一只将要出行的阳乌。

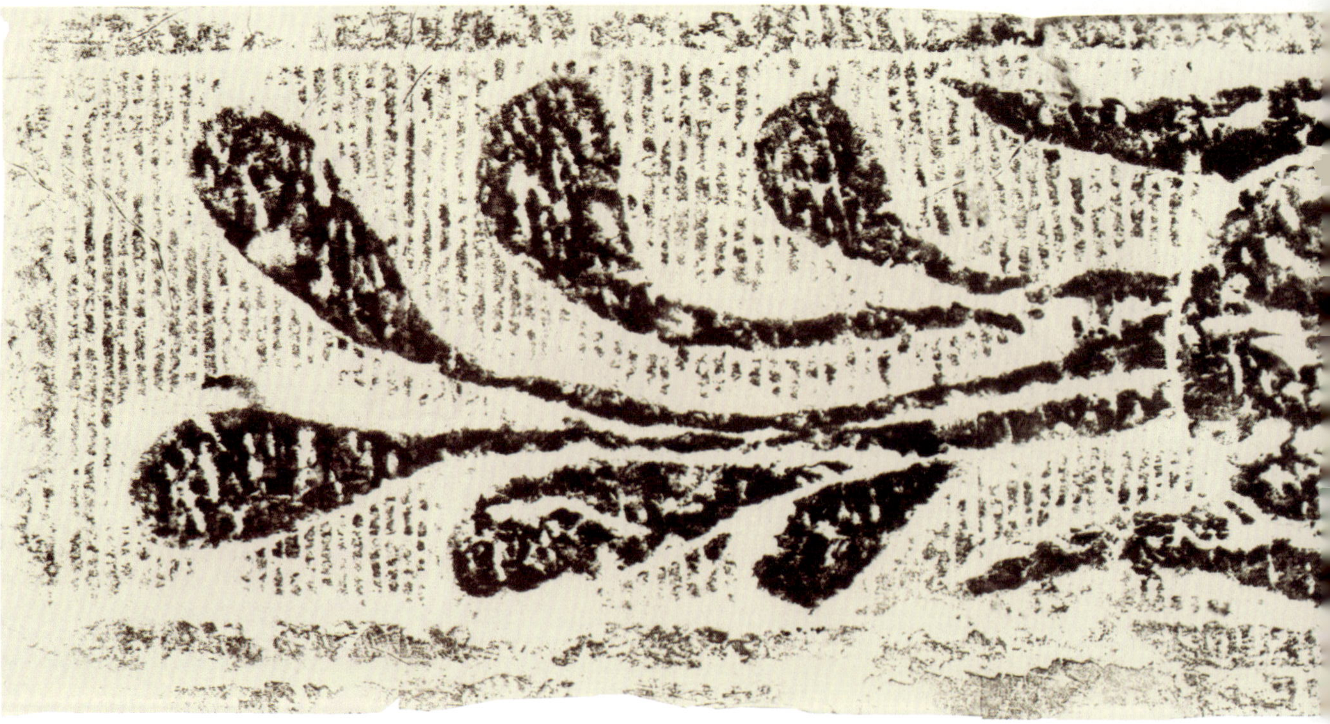

《山海经》中有司天之神西王母和日母羲和；有负责管理日月之长短的鹓和石夷；有“日月所出入”的方山；有日月所出五山大言、合虚、明星、鞠陵于天、壑明俊疾，日月所生之山猗天苏门；有日月所入六山丰沮玉门、龙山、日月山、鏖鏊巨山、常阳之山、大荒之山。

中国古代还有日出扶桑、旸谷，日入崦嵫、虞渊，以及十日并出、羲和驾日、羿射十日、夸父追日、鲁阳子援戈挥日等太阳神话。

太阳神话在汉画中最常见的表现，就是阳乌负日。

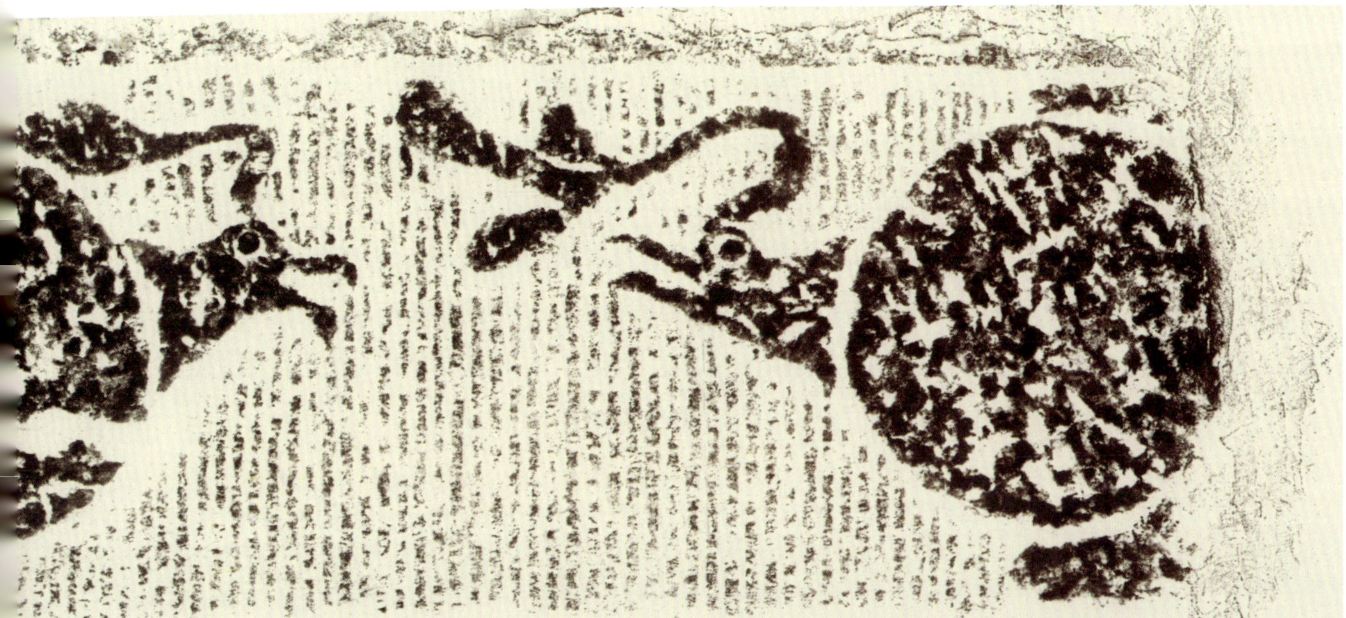

年代：东汉；产地：河南南阳；规格：123.1cm×41.6cm

东宫苍龙星座

中国古代把南中天沿黄道或天球赤道分布的一圈恒星分为四组，称为四象或四维、四宫；每组各有七个星宿，共二十八群，这就是二十八星宿。

古人在观察星辰时，把四象的每组七宿想象为一种动物，东方七宿像龙腾，西方七宿像虎跳，南方七宿像鸟飞，北方七宿像龟行。所以四象又称四灵、四神，表现为东青龙、西白虎、南朱雀、北玄武。

东方苍龙七宿为角、亢、氐、房、心、尾、箕。角为苍龙之首，亦即苍龙之角；亢宿代表龙的颈项咽喉；氐宿代表龙爪；房宿为龙腹；心宿为龙心；尾宿是龙尾；箕宿是苍龙尾梢。

这幅汉画主体画面为圆月、祥云、苍龙和十五颗星辰，表现的正是月出东方、星辉星耀、飞龙在天的动人图景。画中皓月当空，中有蟾蜍舞蹈，玉兔奔踊。左下有祥云一朵。祥云之上、龙首左前方第一颗星为角星，代表龙角。角星右边龙头和项上两颗星为亢星，代表龙颈与咽喉。龙身下四颗星，为氐、房、心宿，分别代表龙爪、龙躯和龙心。龙臀尾处二星为尾星，代表龙尾。尾梢六星状如簸箕，为箕星，代表尾末。十五颗星自下而上似断而连，蜿蜒飞动，形若飞龙。画面刻绘出一条遒劲婉转的腾龙，十五颗星宿像注释一般点缀在龙体相应位置，寓抽象于具象，化天理于美景。

最上主题画面之外，有星二颗，中以粗线相连，如同瘦身的哑铃。此二星明显逸出主题画面，镌刻位置是通常的画像石边框或边栏，应与苍龙星宿无关。古图上南下北，据此可知此宿在南天，应为朱雀星宿第七宿轸宿中的辖星。

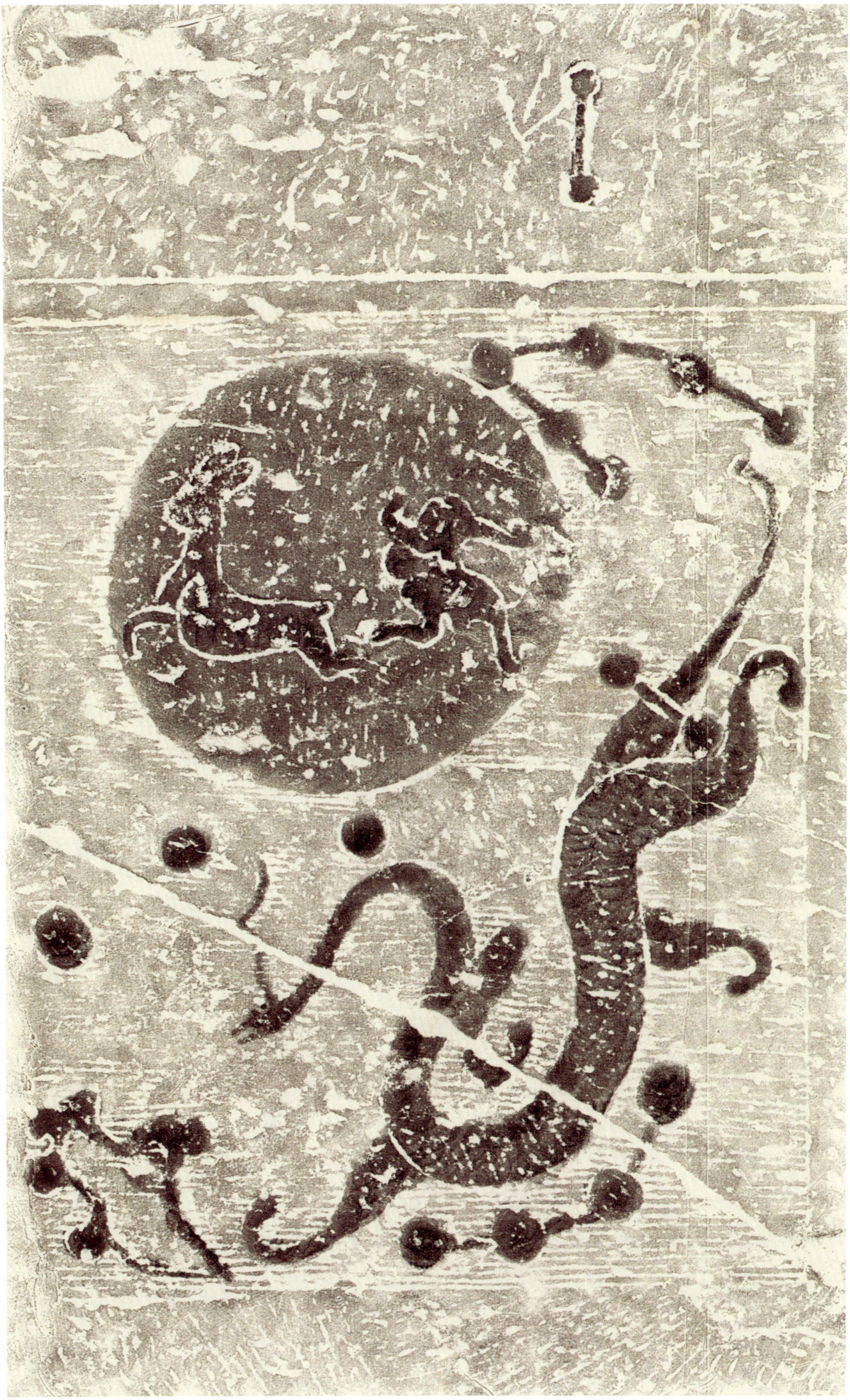

年代：东汉；产地：河南南阳；规格：41.6cm×123.1cm

王母赏月

这是一幅王母赏月图。

当中为硕大的月魄，其上为四蹼蜷展的青蛙。青蛙背上清晰的竖纹显示它明确为蛙而非蟾蜍。这表明在东汉早期或西汉，月亮神话还没有定型。

画面左边盘坐的是西王母。

月轮右边为捣药的玉兔。玉兔身后，是九尾狐。九尾狐尾巴贴着画像石上沿，尾梢下勾，狐身呈倒挂金钩状，狐首窥伺兔背。

画面左边和右下，分别缭绕着南阳汉画中常见的“几”字云纹和蔓草云气纹。

一般月亮神话故事都聚焦在月亮内部，嫦娥、蟾蜍、玉兔等都局限在月盘里。但是这幅汉画的视野极为开阔，其展开神话故事的场景为昊昊中天。画面刻绘出一幅月夜玄天图。蟾月当空，云缭星遥，白狐绥绥，玉兔捣药丁丁。西王母安坐月下，宁静闲适。这种惬意的太虚闲情图，既不同于嫦娥神话的清冷孤寂，也不同于后世道家的玉宇琼筵，更像是一幅历尽沧桑、心如止水的万年娭毑的寻常一晚，从容旷远，高邈脱俗。

年代：东汉早期；产地：河南南阳；规格：108.5cm×47cm

东王公与西王母

这是一幅昆仑群玉之山上，西王母与东王公坐于梯几、相敬如宾的安居图。梯几呈“工”字形，几盘如硕大的灵芝，几础隐隐看得出是龙虎座。下面有玉兔捣药，代表太阴，这是“玉兔前传”，在它跳入月窟前，在西王母跟前捣制不死药。上面有阳乌与羲和骑马，阳乌代表太阳，羲和代表日御，即驾驶太阳车的驭手。

几上左边正襟危坐的妇人为西王母。右边男子屈膝揖礼，为东王公。中国是男权社会，东王公在西王母面前揖手施礼，看似费解，实际上，《山海经》中的主宰神是西王母，在西汉中期以前，文献只提西王母而不言东王公。

西汉中晚期，附会了《穆天子传》中的穆天子拜会西王母情节，开始出现东王公。这幅汉画表现的正是西汉晚期或东汉早期穆天子形象向东王公过渡的情形。

山东地区画像石上多有穆天子拜会西王母的内容，上面的穆天子明显是俗世的王者。此画中的东王公已经登上梯几，有与西王母分庭抗礼的迹象了。

年代：东汉早期；产地：河南南阳；规格：34.5cm×136.9cm

高禖神

此汉画为高禖男神。

高禖是司理婚姻和生育之神。高禖又称郊禖、高媒。高禖神分男神和女神，男神一般为伏羲和句芒，女神一般为女娲和西王母。汉画里盘古和东王公也常充当高禖神。后世的月老、媒婆，就是高禖神的孑遗。

原始人类非常重视生殖崇拜。《礼记·月令》和《诗经·郑风》里有大量表现男欢女爱和祭祀高禖时求偶、求欢、求子活动的记载。

此画中的高禖神，头生棘，鼓腹裸体，长尾，手足如鸟爪，阳具如巨杵而弯曲。他带着伏羲的某些经典特征而更野性和阳刚。他的面孔偏向左，两只巨眼和半边脸，显出典型的立体主义风格。

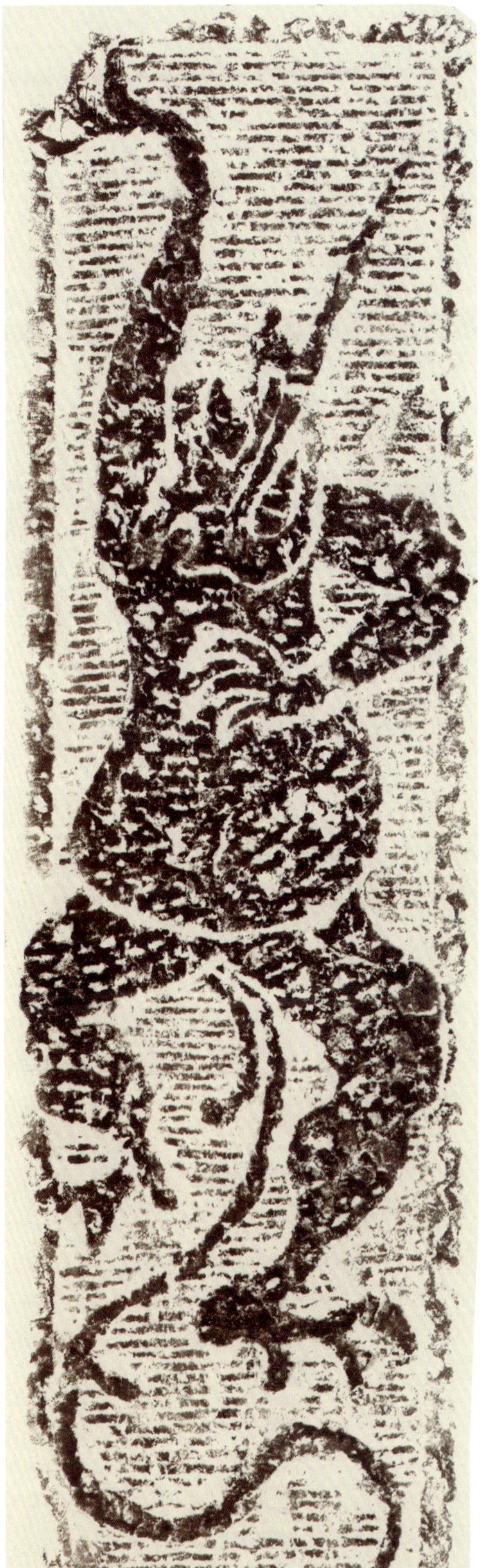

年代：东汉早期；产地：河南南阳；规格：29cm×98.8cm

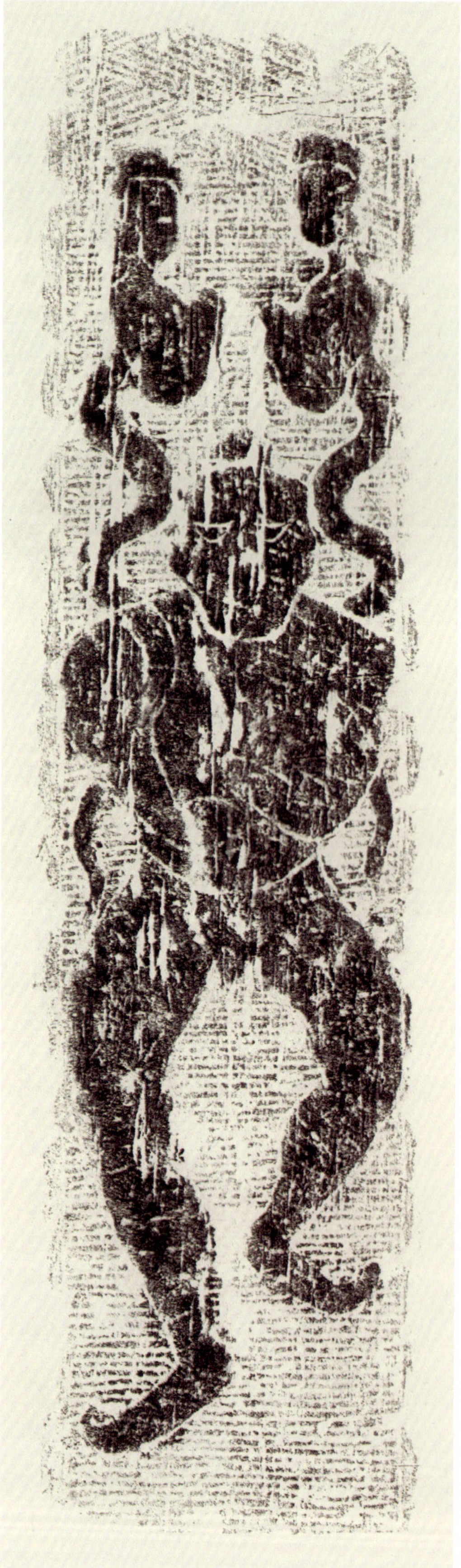

人祖高禖

这是一幅人祖高禖男神造型。高禖神赤裸着躯体，双臂拢于胸前，暴露着雄壮的男根。他头顶两侧为对拜的伏羲女娲，伏羲女娲的蛇躯穿过高禖两胁，一直逶迤到高禖的臀部。此汉画表明，高禖是伏羲女娲的创体神。屈原《天问》里发问“女娲有体，孰制匠之”，这幅汉画做出了明确回答。

在山东、陕西、山西汉画像石中，东王公、西王母作为中华民族的“总先考”和“总先妣”，地位明显要远超伏羲女娲。汉画显示，东王公和西王母是女娲伏羲的先考和先妣，是他们创造了伏羲和女娲。

还有一些汉画显示，是盘古创造了伏羲女娲。此汉画和前面介绍的高禖神，就可以视为盘古。

汉画丰富了中国的造人神话体系，为我们勾勒出三个创世和造人神话系统：

高禖——伏羲与女娲——人；

盘古——伏羲与女娲——人与万物；

东王公与西王母——伏羲与女娲——人与百兽百谷百木。

年代：东汉早期；产地：河南南阳；规格：47cm×138cm

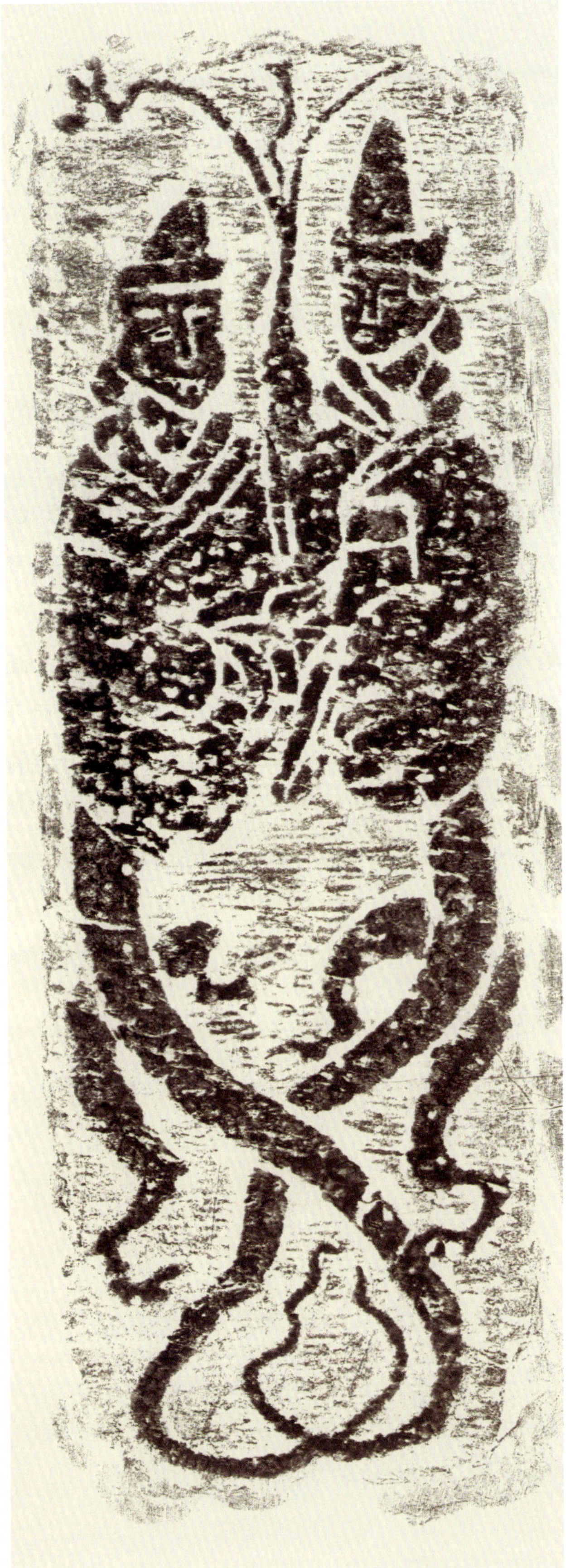

女娲伏羲交尾图

伏羲和女娲是华夏民族的人文先始，福佑社稷邦国的正神。他们规划天地，化育万物，和盘古、西王母并称为创世始祖。他们制笙簧、作琴瑟，创始音乐；别男女、定嫁娶，规划人伦；结网罟教民渔猎，造车驾供人负载。在有的文献里，伏羲和女娲、神农并称三皇。伏羲被尊为三皇之首。

伏羲最为人称道的功德是画八卦和创文字，使人类告别了结绳记事的蒙昧阶段，开创了哲学、数学和图文时代。女娲最著名的神话是补天和抟土造人。他们共同的传说，最著名的是兄妹婚配，从此大地上始有人类繁衍生息。

在这幅汉画上，伏羲女娲人面蛇身，共执三珠树相依相拥，下体长长的蛇尾交织一起，象征婚配和生殖。左为伏羲，正冠袍服，双手擎树。右为女娲，玉面高髻，右手把树，左手执规。规表示为人类创制规矩制度。

画中的三珠树，就是后世通俗说的合欢树。在画面中，它竖立在伏羲女娲之间，还起到遮羞遮面的作用。

年代：东汉；产地：河南南阳；规格：34.5cm×95cm

伏 羲

此汉画为伏羲。画面中的伏羲，人面，戴三山冠，擎灵芝；下体为龙躯，有两爪。此伏羲躯体极其修长盘蜿，宛若一根绵长的绳索。

伏羲是华夏人文始祖，三皇之一。传说伏羲风姓，又名宓羲、庖牺、包牺、伏戏、伏牺，亦称牺皇、皇羲，在后世与太昊、青帝等诸神合并，被称为太昊伏羲氏、青帝太昊伏羲。

伏羲与女娲共称人祖。相传伏羲女娲人首蛇身，兄妹相婚，生儿育女，从此人间有了婚育。这一传说出现在长沙子弹库楚帛书里，帛书记载伏羲时期已有天地，但仍是一片荒芜，于是伏羲娶妻生子，命名万物。伏羲是人类由母系社会进入父系社会的象征。

传说伏羲根据天地万物变化，发明创制八卦。他还创造文字，结束了“结绳记事”的历史。他又教会人们渔猎，开创了渔猎时代。

相传伏羲还是陶埙、琴瑟等乐器的发明者，他创作乐曲歌谣，将音乐带入人们的生活。

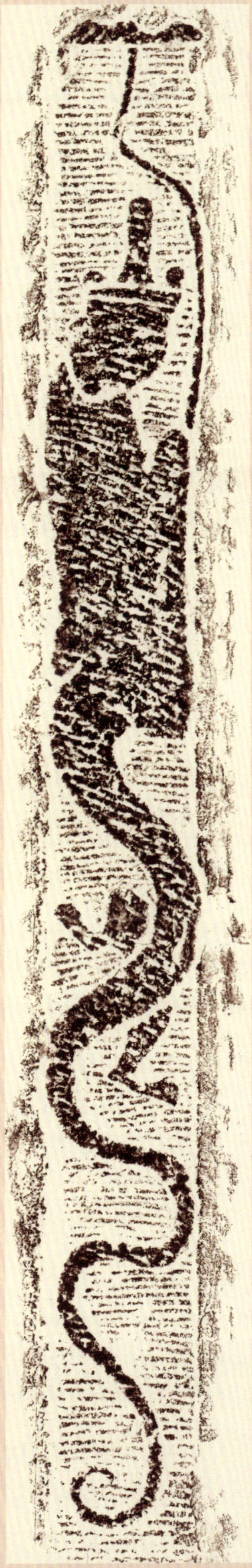

年代：东汉；产地：河南南阳；规格：19.5cm×135.1cm

鼻祖伏羲

此画面中的伏羲人面，武冠，擎小伞样的华盖，盖杆上系绶带。

华盖为灵芝的变形。灵芝为神草，古人认为服用灵芝可成神仙。因此汉画中伏羲女娲多有持灵芝者。灵芝形象与华盖、伞盖有相似之处，所以汉画中的伏羲女娲也往往挺持伞盖或华盖。灵芝与华盖上圆象天，这与汉画中伏羲女娲执规执矩意义相通，象征伏羲女娲象天法地，规划方圆，澄清寰宇，制度人伦。

此画中的伏羲有不少与众不同之处，最引人注目的是其面上有橛式大鼻。鼻是五官之一，用以呼吸。古人认识到人的胚胎发育时鼻先受形，故谓始祖为鼻祖。古人还观察到，人出生时先露出头，兽出生时先露出鼻子，所以鼻字还表示开始、初始。这幅汉画中的大鼻伏羲像，很可能寓意伏羲为人类鼻祖。

一般的伏羲和女娲，上体人躯和下体蛇身之间自然衔接，粗细匀停，浑然天成。此伏羲面目与袍袖颇显阳刚，但腰肢纤细，不啻女身，阴阳刚柔泾渭分明。

在伏羲腰间，束有宽阔而严整的绲带。《礼记 · 玉藻》："天子素带，朱里，终辟。"照此看来，伏羲的腰带外观上是素丝，里子为大红色。可惜我们只能通过墨制的拓片，来想见鼻祖伏羲的五彩风致了。

年代：东汉；产地：河南南阳；规格：47.1cm×120.4cm

美少年伏羲

如果不是下体有标志性的蛙蹼和蛇尾，画面中的伏羲就是汉朝一翩翩少年。

他戴着通天冠。这也是王者标志。冠上高矗一根木橛，像虬龙额上的尺木，也是伏羲作为木德王的明证。

他清秀的脸庞稚气未脱。高高的衣领，宽舒的衣袖，美丽而和谐。最是那一双眼睛，像穿破两千年尘埃的明珠，澄净得如神山昆仑上的两粒玉露，不忧不喜，不眨不闭，简单而神秘。

他双手抱在胸前，手中既无灵芝，亦无华盖；没有玉树，也没有规矩。那些都是他在汉画上作为天皇、地皇或人皇的标志。此刻他就是名叫伏羲的少年，在洪荒的一个早晨——

他好像在向母亲西王母请安，顺便报告昨晚宇宙乾坤和昆仑诸山的消息。

他好像在吟诵上古之书《三坟》，他的恩师灵山十巫在向他传授做神的规矩和做人的道理。

他好像是东王公的书童，有人叩阍，他打开门问是谁。

他好像有个妹妹，把照拂妹妹一生一世的责任天经地义地装在心里。

是谁给他从腰脐起装上一条长长的蛇尾，蛙腿蛙蹼，裙摆如昂起的蛇首？就这样昆仑少年成了神祇，从此他要考虑天下的事——

天要高悬，地要覆载，万物要生长，人伦要延续。画人要媲媔，写字何妨借鉴兽蹄鸟迹。老人要敬孝，未来要算计。吟诗要摇头晃脑，舞蹈要合着拍子……

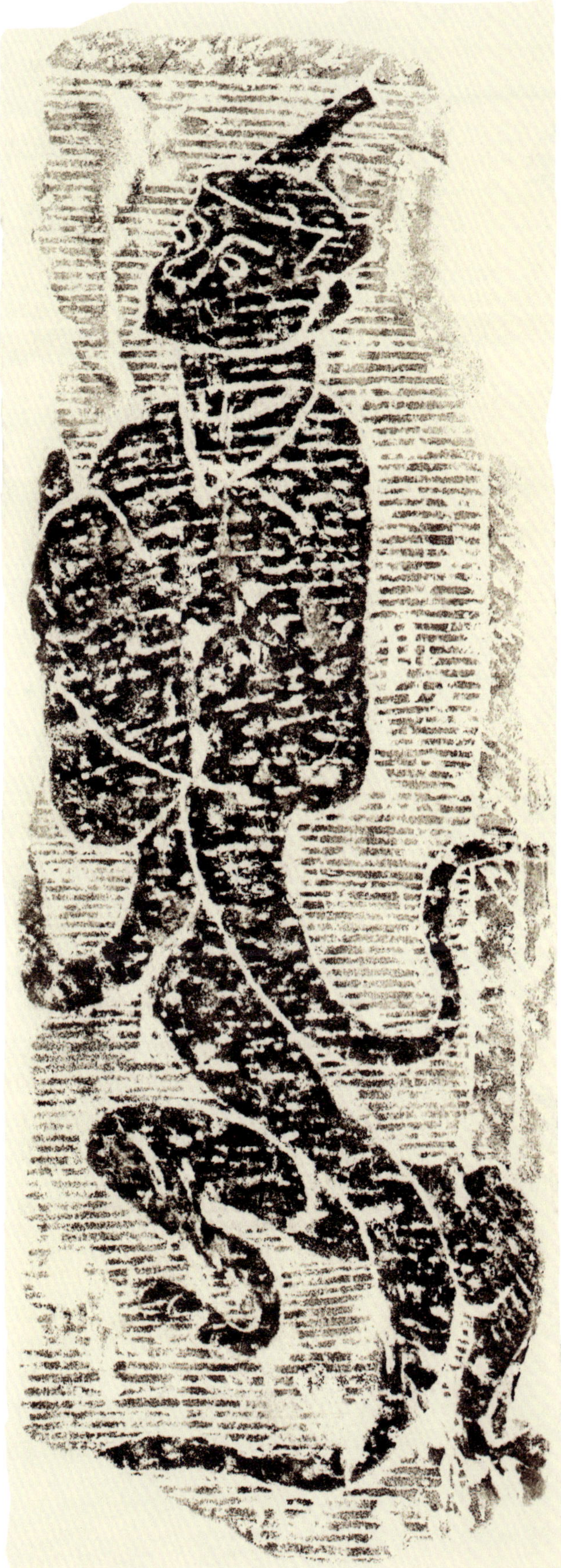

年代：东汉　产地：河南南阳　规格：36cm×104.5cm

年代：东汉；产地：河南南阳；规格：41cm×168cm

秉萱女娲

这是一幅女娲秉持萱草图。

南阳汉画中的女娲，山西、陕西汉画中的西王母，手中多捧持与此图中相似的花草，一般笼统释为仙草、灵草。因另有女娲擎举灵芝或华盖造型的，所以也有人将此草释为灵芝。汉画中丹凤、飞龙、白虎以及仙人口衔手持这种异草的造型也屡见不鲜。

实际上，这种仙葩应是萱草。

萱草简称萱，叶条状披针形，花黄色或红黄色，外形酷似百合，亦称金针菜、黄花菜、绿葱、宜男草、思母草、川草花、丹棘、疗愁等。

古人认为萱花宜女子受孕，“妇人佩之必生男，故名宜男”。

传说食萱草能令人忘忧，所以又名“忘忧草”。

古称母亲居室为萱堂，后因以萱为母亲或母亲居处的代称，所以萱草、萱亲也指母亲。古时游子要远行时，会先在北堂种萱草，希望母亲减轻对孩子的思念，忘却烦忧。

女娲手捧萱草，是她人类母亲身份的象征。

婀娜女娲

常见的女娲，人面，上躯亦为人躯，自腰腹以下始为蛇躯或龙体。此画中的女娲，虽着袍袖，但上体自颈项以下已成纤带；挺胸收腹，腰才一搦；胯臀处兰佩斜逸，罗裳如荷。下体的腿爪和龙尾极尽婀娜。女娲右手擎仙云般的萱草，体下点缀着仙草云气。整个画面婉转婀娜，芳菲四溢。

屈原《九歌》中的女神与此画中的女娲好有一比——

云中君：她像才从兰汤里沐浴过一样，她绚烂芬芳令人难忘。

湘君：她的裙裾是绸纱也是木莲蕙兰，香兰为旗，香荃为旗杆。水中她采青莲，树梢她摘芙蓉木莲。

湘夫人：她翩翩来自天上，含情脉脉，让每一个人心旌摇荡。她就在那初秋的金风里，就在洞庭之滨，就在密林深处。

山鬼：纵是在山隈峦隅，总见你披着葱绿的薜荔，腰缠翡翠般的青萝。你如山魈妖媚婀娜，眉眼含笑，让人如何不魂动神摇。

年代：东汉；产地：河南南阳；规格：34.7cm×136.9cm

螺　祖

画面当中为一螺神。螺神人面人身，无足，尾有大螺上挺，若螺爬行状。螺生双臂，右向摊掌，似在邀约面前的虬龙。其后有白虎，状貌雄伟。

南阳汉画有多例螺祖，一般表现为女面而蚌身，也有如女娲人面蛇身下有螺蚌者。螺神的寓意有多种。

螺有壳，像宫室房屋。休眠或躲避危害时蜷于壳中，像人“宜其室家”，居者有其屋；出行时负壳以游，像人安土重迁，与屋舍不离不弃。所以古人认为螺为宫室之神。

蛤蚌生于河海，蜗牛生于田陆阴湿之地，古人以此将螺与水相连。因此汉画中的螺神很可能是水文化与海洋文明的象征。

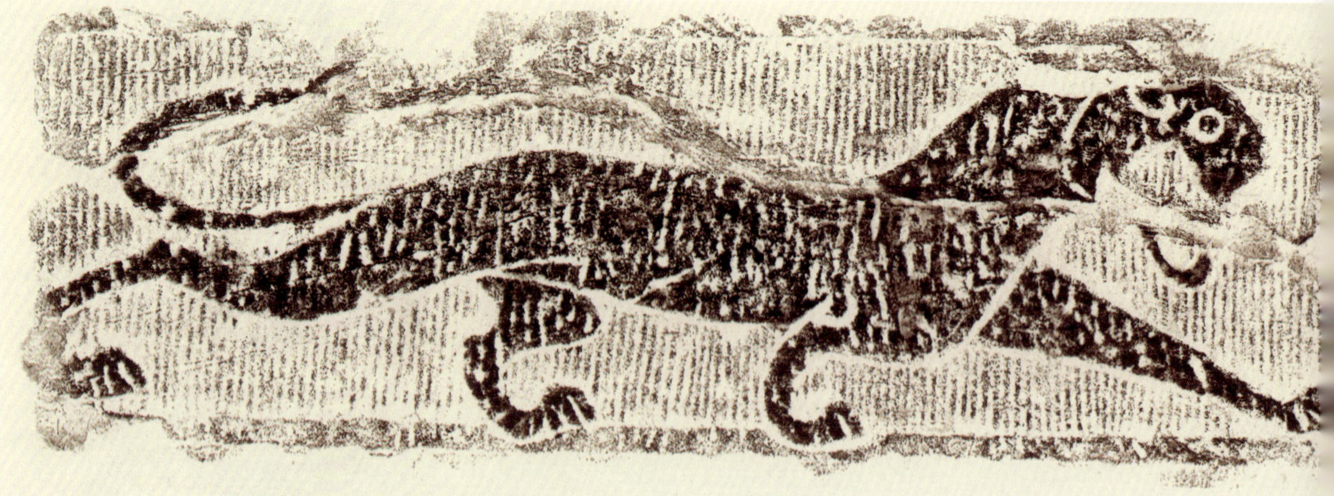

中国古代很早就认识到蚌育明珠，因此螺神还可能与夜明珠和明月之珠有关。

月有阴晴圆缺，其圆如蚌壳；其消如蚕食螺噬；其行平稳，如螺蚌负壳而行。古人因此将螺蚌比之于月。所以螺神有可能还代表着月亮，也就是月神。

蚕为卵生，又结茧，与螺蚌有相似之处，古人将二者联系起来，成为先蚕或蚕神，后世讹变为马头娘。因此螺神还可能代表先蚕与蚕神，也就是嫘祖。

嫘祖在不同的文献中也写作螺祖、累祖、雷祖、絫祖、儽祖等，是传说中的黄帝轩辕氏正妻，为蚕桑之祖。所以螺祖也可以表示嫘祖。

年代：东汉；产地：河南南阳；规格：202.3cm×34.3cm

鼠神与蛙神

这是一幅鼠神与蛙神图。

且看左边的鼠神，它贼眉鼠目，尖嘴仆地，一副小心翼翼的老鼠偷油嘴脸。但它肩生一对巨翅，大翅如扇，又如火焰，显得不同凡响。神鼠躯体为兽身，四蹄如兽蹄，但带有鼠足特征。鼠尾三歧如嘉禾。

画中右边为蛙神。蛙神四蹼，半跪半立，蛤蟆肚子蛤蟆嘴，额生一对蛤蟆眼。

蛙神眼下像“6”字的刻符，是巳字的古体倒形。巳为蛇字的象形，表示阳气已尽，阴气始生。

子即鼠，表示大阳初萌；巳为蛇，与蛙同类，属极阴之虫。所以此画中的鼠神与蛙神表现的还是太阳与太阴，也就是太极。

年代：东汉；产地：河南南阳；规格：34.7cm×13cm

交　龙

龙是中国古代神话传说中的灵兽，为鳞虫之长，是中华民族最重要的图腾之一。传说中的三皇五帝几乎都与龙有关。

此图中两条纤细的龙为虬龙，也就是头上长角的龙。古人认为虬龙是长寿之龙。

龙角又叫冠、瘿、尺木、木尺、木石、山、专山等。古人认为“龙无尺木，不能升天”，可见虬角是龙腾云升天的重要凭借。

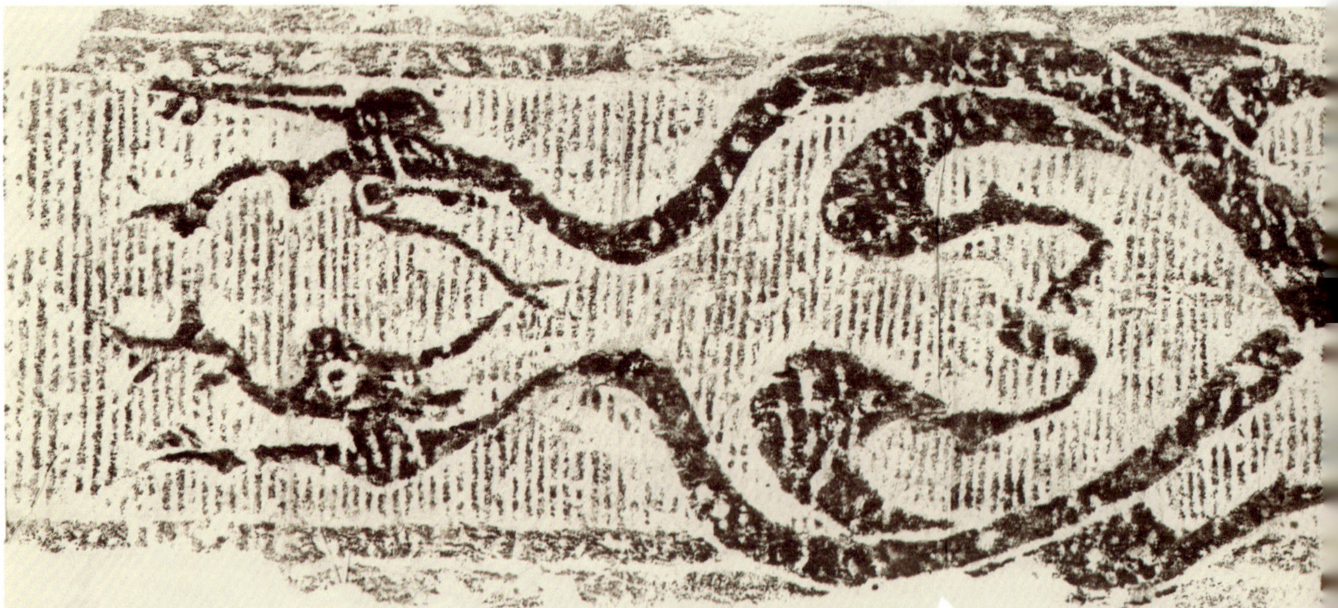

此画中的两条虬龙各有一角，龙首相背，在虬角、龙身和龙尾处分别相交，构成一个美丽的葫芦形，这正是甲骨文玄字的形态。甲骨文中玄字写作 8，与此图中的交龙相似。老子《道德经》说："玄之又玄，众妙之门。"这种"玄"字符号，在全国各地的汉画里常常见到。

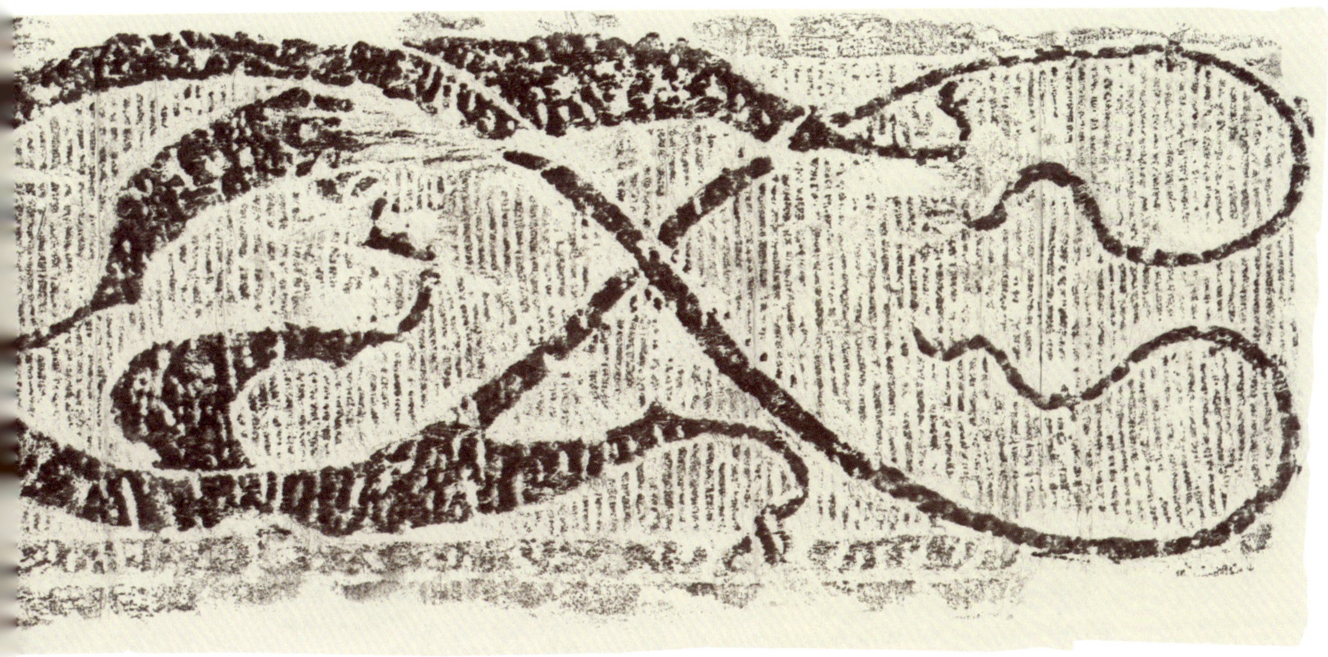

年代：东汉；产地：河南南阳；规格：157.5cm×34.4cm

云　龙

古人认为云从龙，风从虎。

画中的龙从颈颃到尾梢，屈为六叠。龙躯横跨千山万水，让人不知这条苍龙扶摇几万里。龙体上边，笼罩着火焰似的祥云。

这是一条双角虬龙。它双睛暴凸，如同纵目。龙角长在眼球之上，似眉似角。龙首、龙口、龙齿、龙舌形如鳄鱼。

这种纵目龙造型，与三星堆出土的商代纵目铜人颇多相似之处。

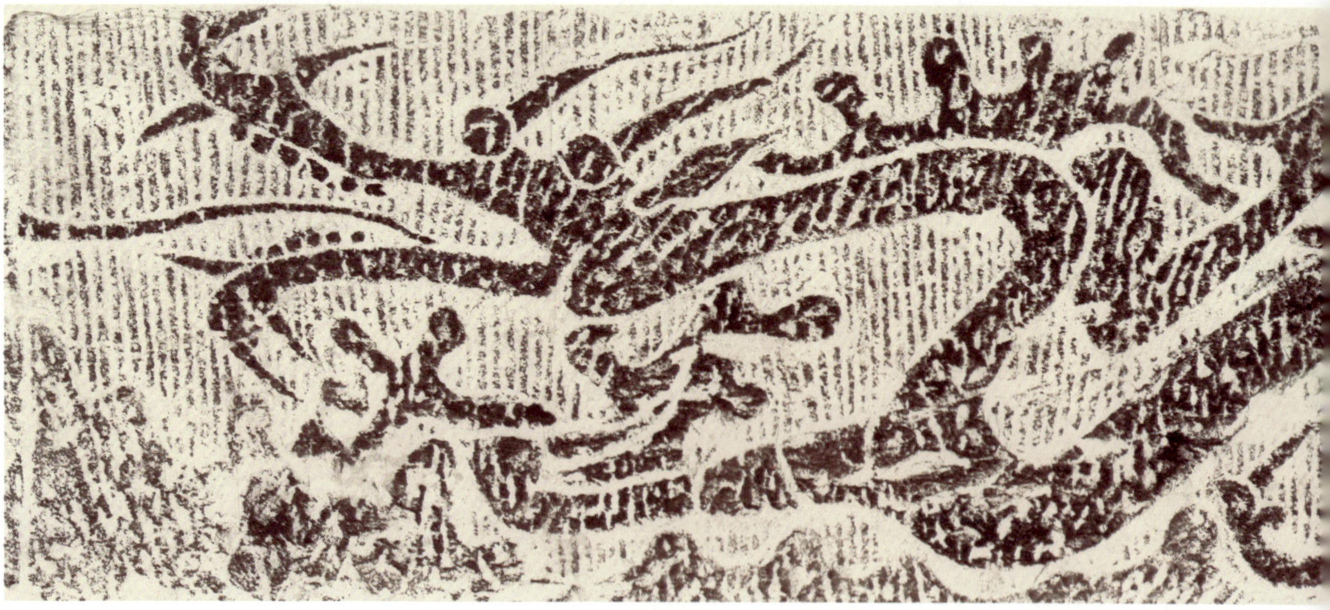

此龙虽然宏阔劲健，霸气外露，却更似一条潜龙。它蜷伏不振，与一般汉画中龙的发扬蹈厉迥乎不同。它身上的云朵又似沉重的外衣。总体看来，此龙韬光养晦，似休眠蛰伏之龙。

孔子说：“鸟，吾知其能飞；鱼，吾知其能游；兽，吾知其能走。……至于龙，吾不能知，其乘风云而上天。”

汉画中这种蛰伏之龙，表现了汉代先民忧思的一面。

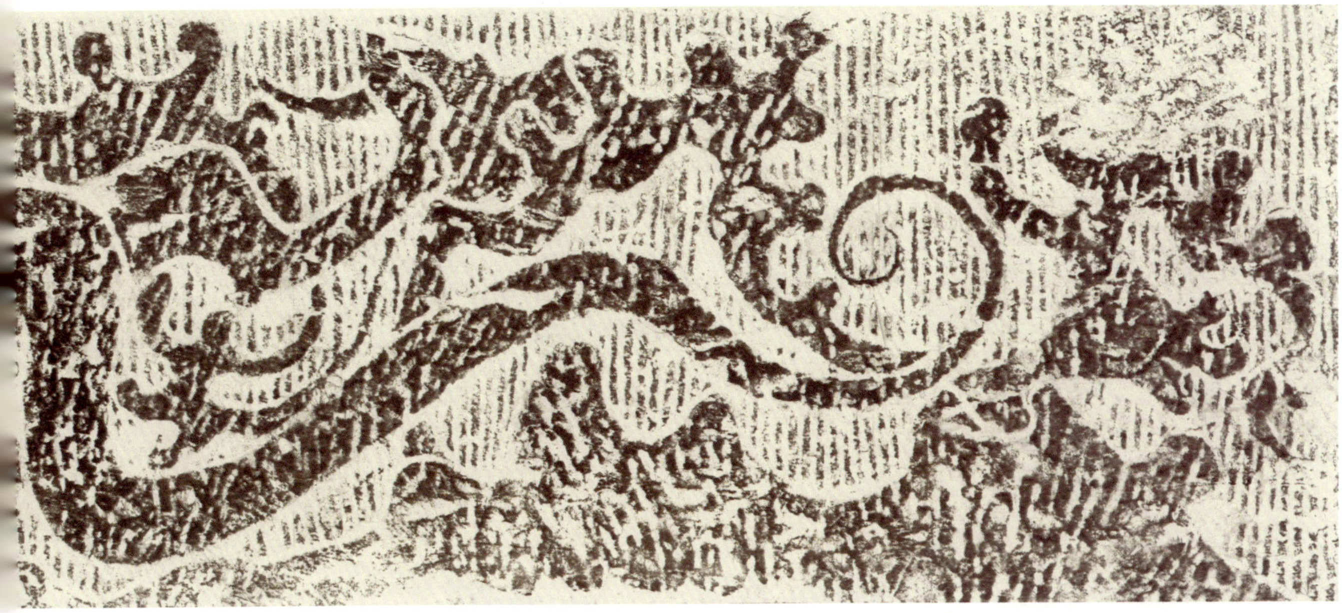

年代：东汉；产地：河南南阳；规格：161.8cm×34.9cm

人面虬龙

一条人面虬龙和一条云草龙盘蜿交织。

虬龙长着一对兔耳式虬角。南阳汉画中的虬龙大多取侧视角度，看上去只有一只肉角，生于眉骨之上。此画中的虬角也长在眉骨上，但左右各有一根，又似公羊角左右歧分。虬龙眼眶和瞳仁高突，眼白圆阔，从拓片效果看，很像好莱坞电影《蝙蝠侠》中蝙蝠侠的蒙面眼罩。

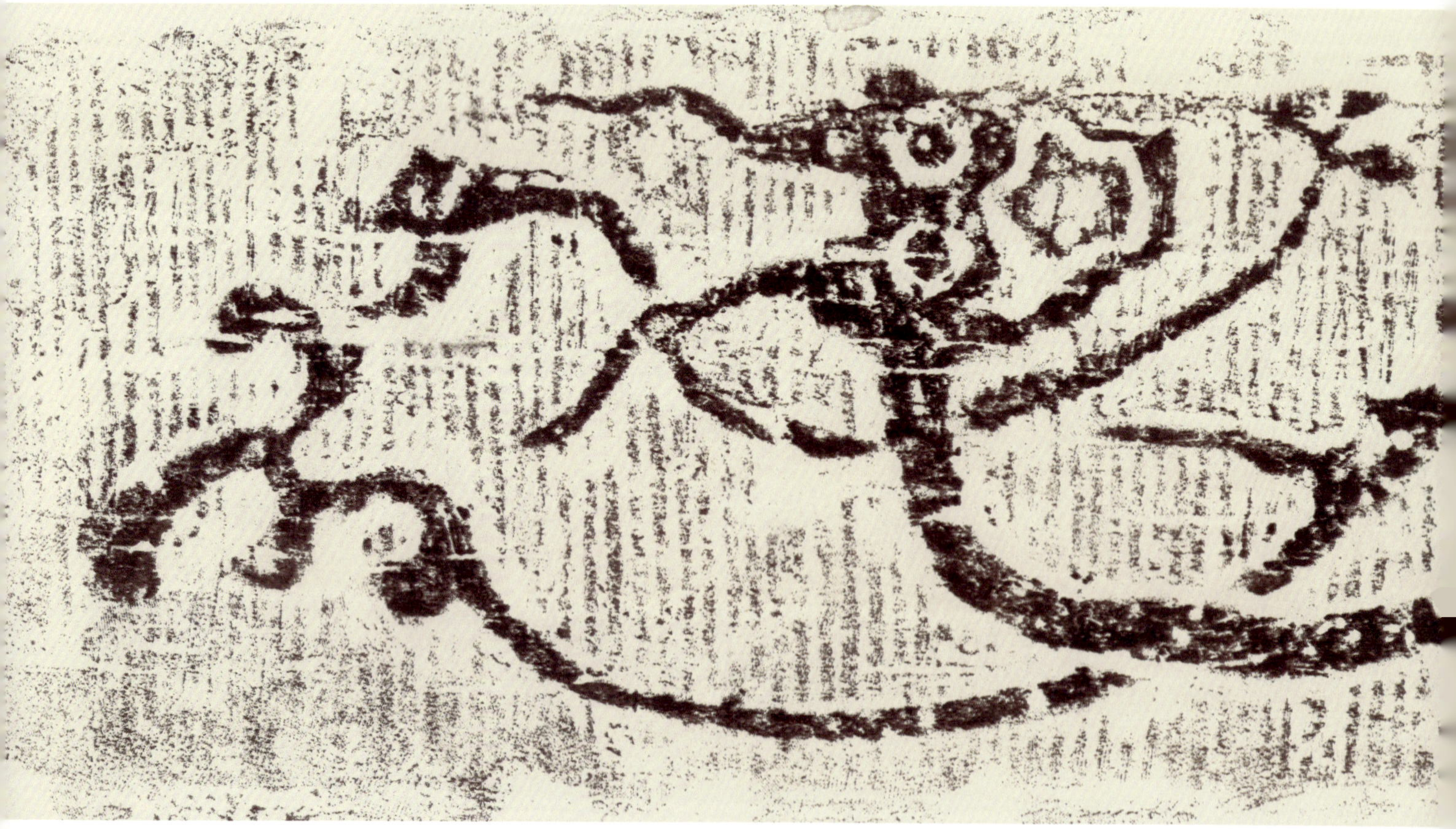

龙体下半截阙如。根据石柱高度判断，原石应该没有毁伤，原貌如此，汉代工匠雕龙，有意省却了龙体下部。这在南阳汉画像石雕凿中属常见现象，显示出其当行则行、欲止则止，无拘无束、不受羁绊的自由艺术个性，以及炉火纯青、出神入化的图像控制能力。

从呈现的龙颈、龙腹和龙前爪看，龙的优雅曼丽、纤巧灵动依然酣畅淋漓，与古希腊雕塑断臂维纳斯相比，有过之无不及。

此画中的云草龙自上逶迤而下，与虬龙相缠相绕，如同二龙交织，细看才知是南阳汉画中特有的云气或草龙造型，亦虚亦实，似真还幻，舒密有致，与虬龙一道，委实让人分不清是云是龙。

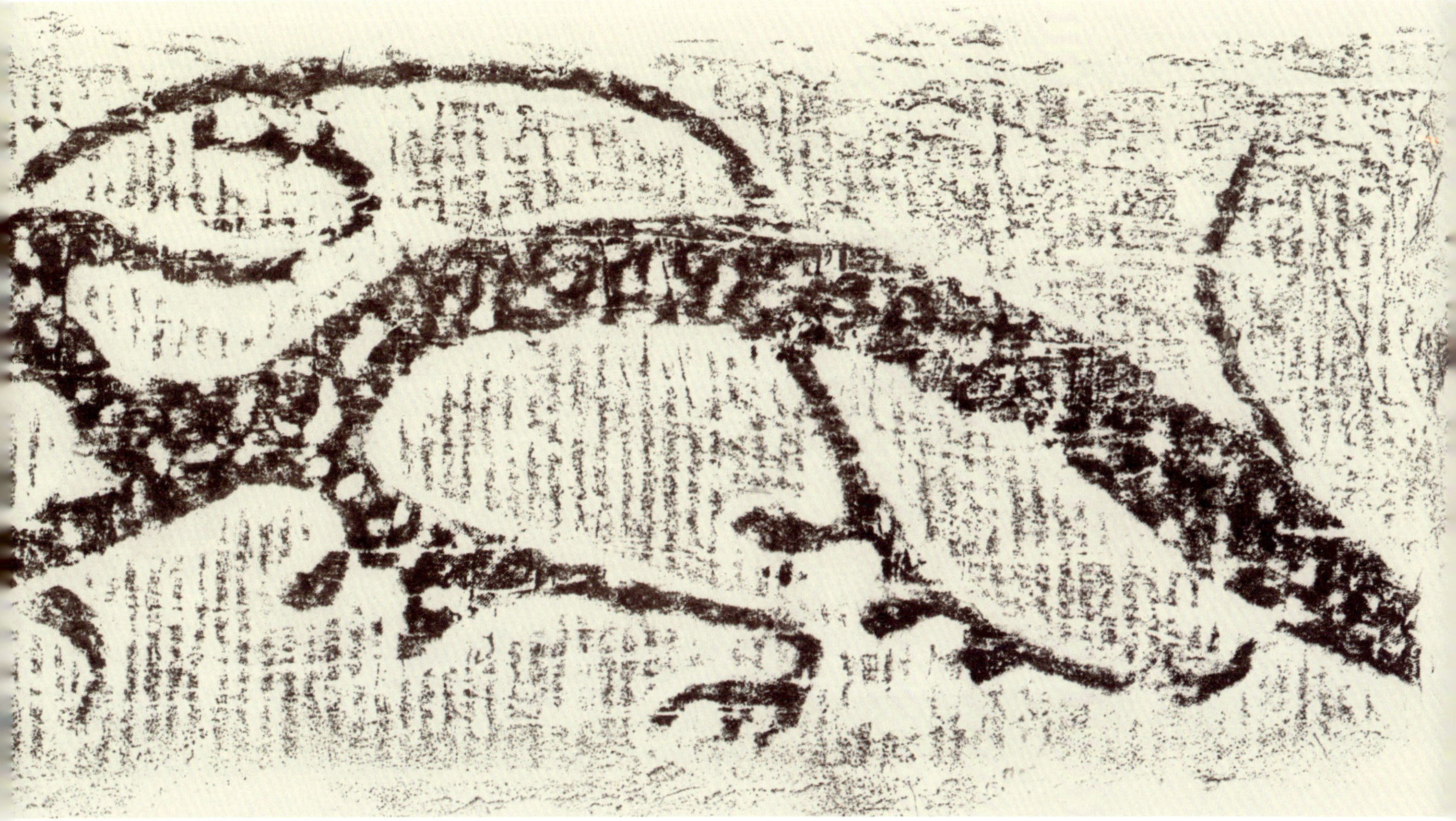

年代：东汉；产地：河南南阳；规格：112.9cm×29cm

螭龙自噬

古人认为龙有鳞者称蛟龙，有翼者称应龙；有角的叫虬龙，无角的叫螭龙。古人也把蛇形龙仔叫作螭龙。

此汉画中一螭龙身材修长，盘曲优美，面目威猛而又憨态可掬。它回首自噬龙体，颇具幽默感和趣味性，和小猫咬尾近似。

螭谐音吃，这也可能是汉人刻绘出龙自噬图像的原因之一。螭龙在出土的战国至

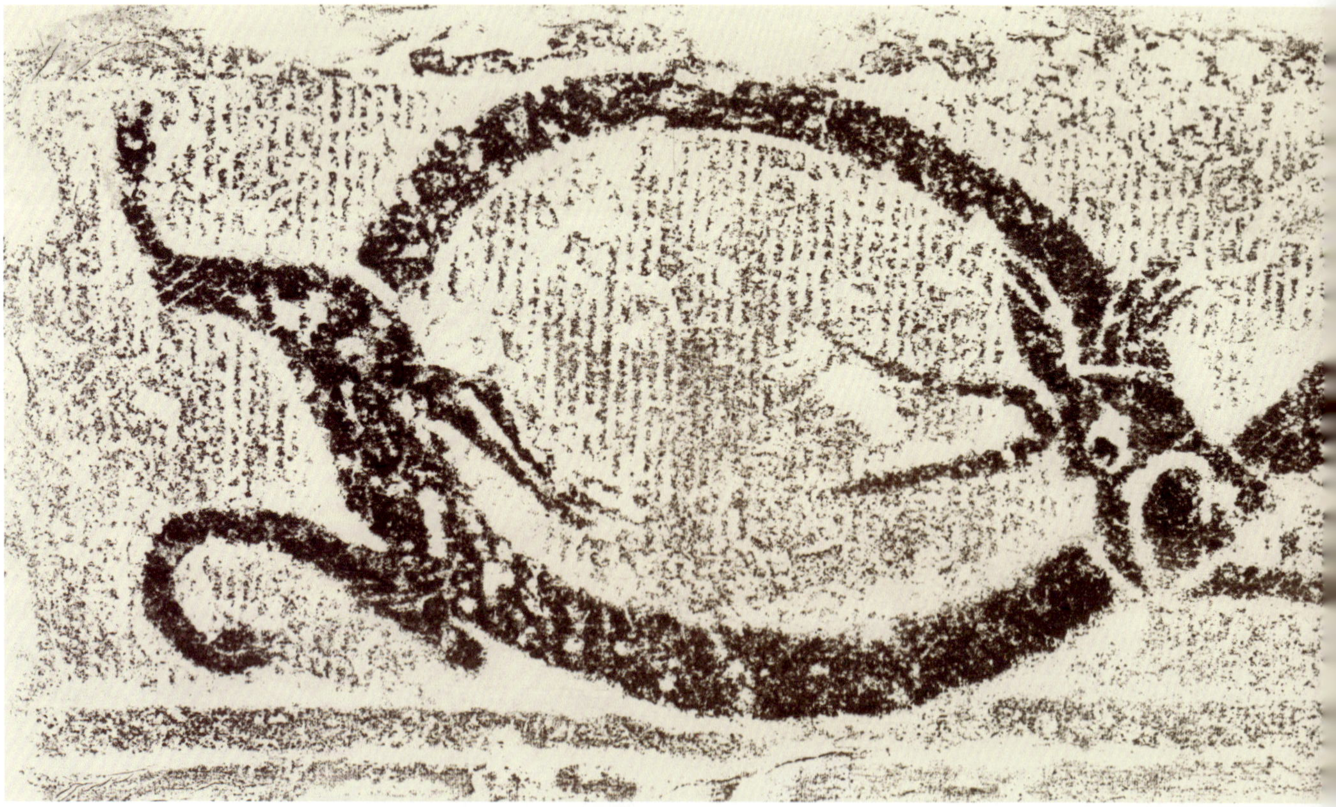

秦汉的玉器、青铜器和铜镜上常常出现，它还作为宫殿与桥梁上的螭头、屋顶上的螭吻而存在，这些都可能与螭字谐音吃有关，寓意吞噬鬼魅、确保平安。

《山海经 · 大荒北经》：“共工臣名曰相繇，九首蛇身，自环食于九土。”这里所说的相繇，可能是螭龙自噬的原型。

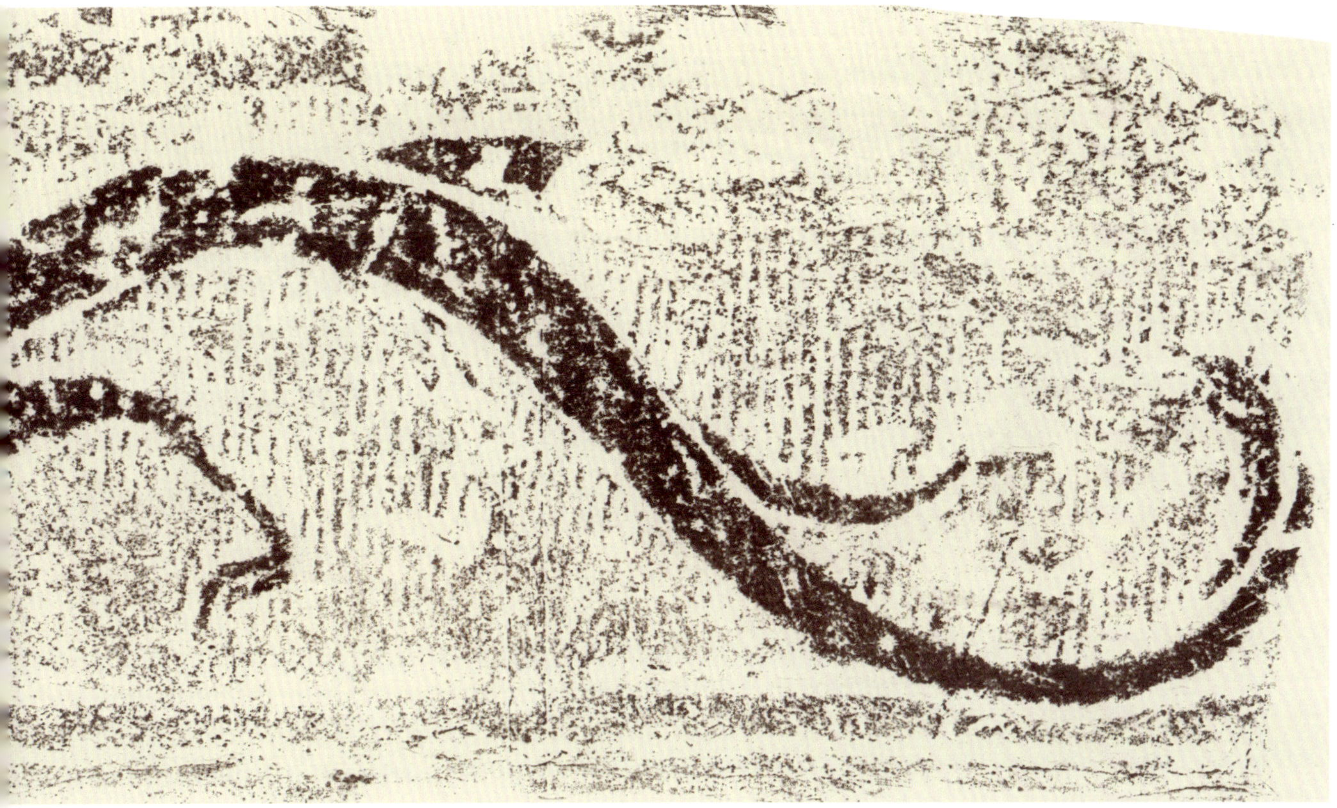

年代：东汉；产地：河南南阳；规格：84.3cm×26.7cm

刘累豢龙

刘累豢龙的故事出自《左传》，说的是夏朝时有个叫刘累的人了解龙的习性，擅长豢养龙，为夏朝君主孔甲饲养龙，被赐为“御龙氏”。

刘累学习养龙技术的地方在今天南阳市的唐河县；他后来不小心养死了一条龙，为了避祸，就隐遁在今河南省平顶山市的鲁山县，古时这里也属南阳郡。春秋时叶公好龙故事的发生地叶县古时也属南阳。

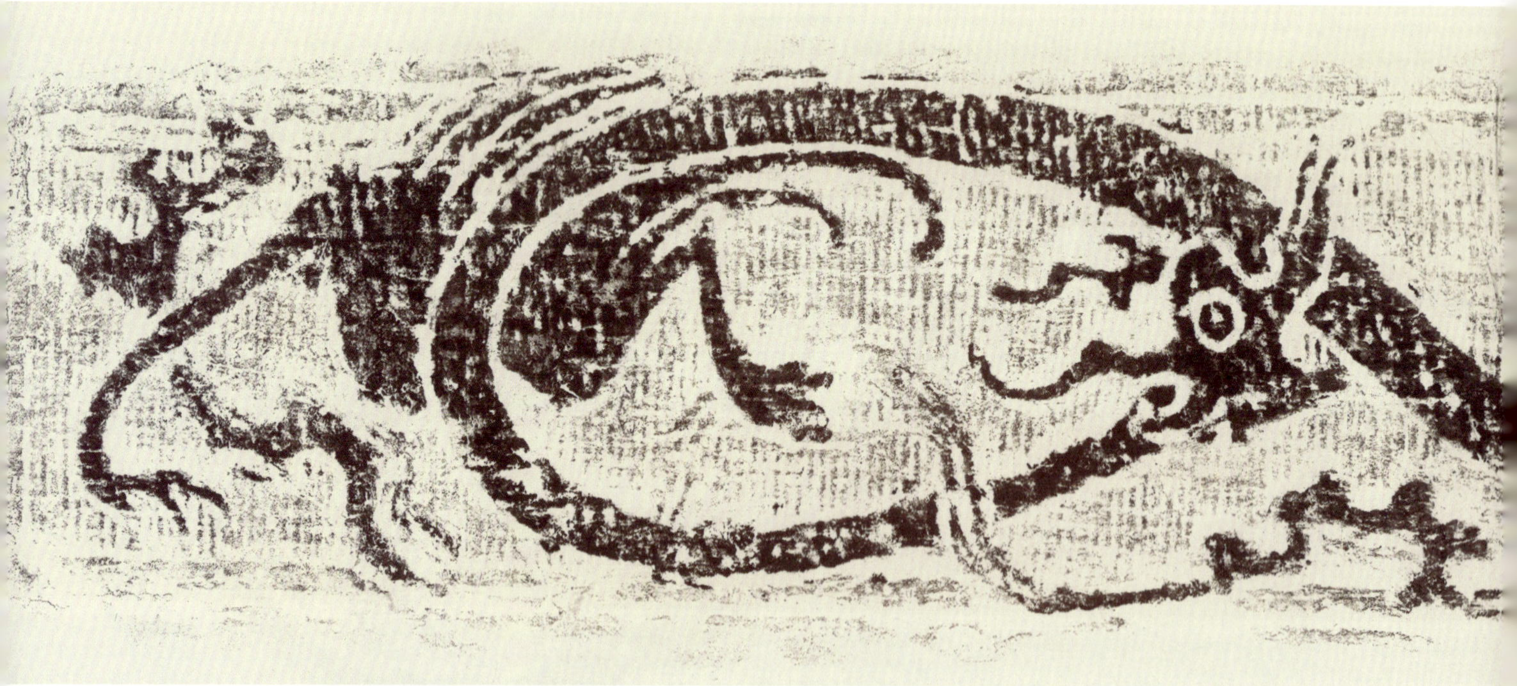

这说明南阳知龙、懂龙、好龙有很久远的传统，可追溯到三皇五帝时代。

画中的龙头长虬角，身披毛羽，虬爪鹅颈，蛇身线尾，腾云御风，极尽婉转曼妙。龙的尾部有一少年，裸体鹤步，头戴面具，攫持龙尾骚扰戏耍。这应当是正在驯龙的刘累，聚精会神而自信洒脱。龙回首自噬，却看不出愤怒烦躁，更看不出它会对扰弄它的刘累进攻报复，由此也可以看出刘累身怀绝技，既胆略过人，又艺冠群伦。

年代：东汉；产地：河南南阳；规格：159cm×34.3cm

屠龙记

这是剑客屠龙的情形。

画中右边为一右行回顾的巨龙，侈口大开如眼镜蛇；生虬角、长尾和虎豹式四蹄。龙颈上拖两根长索，蜿蜒至尾蹄。这好像是一只被缚的青龙，在将要被屠杀前挣脱束缚。它并没有逃之夭夭，或者也没打算逃脱。它好像满腹委屈，长啸里尽是幽怨。

画面左边为一剑客，戴龙角式耷耳软帽，口吐长舌，身体向右前倾，右臂上举，左手把剑前指，双腿右屈左蹬，活脱脱一幅现代击剑图，如果不是出现在汉画像石上，会让人误会这是奥运会上的击剑比赛画面。

屠龙一词出自《庄子·列御寇》："朱泙漫学屠龙于支离益，单（殚）千金之家，

三年技成，而无所用其巧。”意思说，古时有个朱泙漫，倾家荡产跟随师傅支离益学习屠龙技，学成后却找不到龙，空有一身屠龙本领而无处发挥。

实际上，屠龙的故事夏朝就已经有了。前面说到的刘累不小心养死一条母龙，就把母龙屠宰后做成龙肉酱给皇帝吃。

屠龙和做龙肉酱，在今天的人们看来太不可思议。但汉画常常呈现惊心动魄、出人意表的活剧，让今天的我们既惊叹于古人超凡脱俗的想象力，也不得不感叹古人的洒脱和自信。

年代：东汉；产地：河南南阳；规格：154.8cm×34.7cm

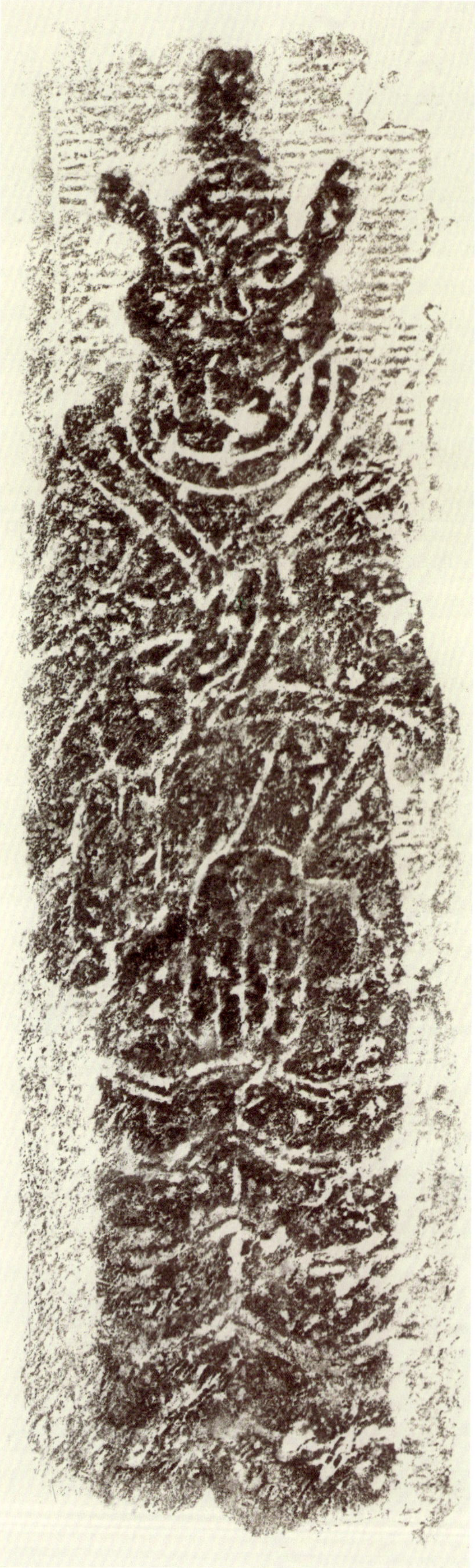

神　荼

此汉画为门神神荼。

神荼戴高冠，两鬓生兔耳式戟叉或犄角，形同三山冠。神荼目光如炬，面相威暴而不凶恶狰狞，这是汉画中神荼郁垒区别于后世镇墓兽的地方。神荼穿短袖褐，领口处刻饰三环线，似“海军衫”衣领，这种造型在南阳汉画中多见。神荼两个巨掌，右掌上托，左掌下按，掌中空空如也，但让人联想到上秉斧钺，下提盾牌。

神荼总是与郁垒相伴随的，他们是中国最早的门神。裴骃《史记集解》引《山海经·海外经》：“东海中有山焉，名曰度索。上有大桃树，屈蟠三千里。东北有门，名曰鬼门，万鬼所聚也。天帝使神人守之，一名神荼，一名郁垒，主阅领万鬼。若害人之鬼，以苇索缚之，射以桃弧，投虎食也。”

神荼郁垒作为门神一直被人们信仰，左扇门上叫神荼，右扇门上叫郁垒。

年代：东汉；产地：河南南阳；规格：30.3cm×97cm

蛙 神

这幅汉画为门神造型之一，其状为蛙神。

蛙神有人的特征，形体、面目、手足与人仿佛。也有神的特征，胁、腰、尾生毛羽，戴三戟冠，神态威严。又有蛙的特征，暴目、阔口、鼓腹和舒展的手足，都是蛙的典型特征。

蛙产卵多子，上古人类视为生殖神。女娲也写作女螟，西王母也写作嫫母，螟、嫫都与蛙相关。蛙卵少长，成蝌蚪，与人类早期胚胎相似，这应当是造人始祖伏羲女娲人面蛇身、形同蝌蚪的生殖学原型。

蛙字古时本作圭，与圭相似。古书上还写作鼃，与鼋鼍相类，是商周青铜器上常见的部落图腾符号。

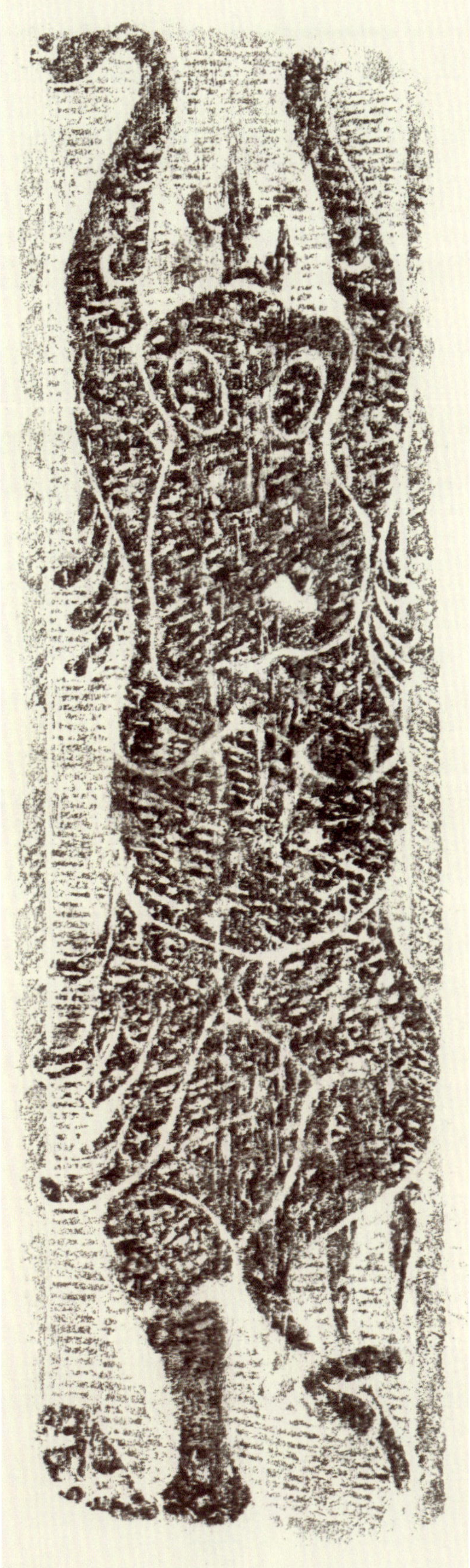

年代：东汉；产地：河南南阳；规格：34.2cm×119.8cm

白虎·铺首衔环

门是宫殿房屋供人出入的关键。古代有祭门的节日。

出入坟墓的关口称为墓门，是把守墓穴的。

汉代墓门一般为双扉，铺首是上面必不可少的造像。铺首之上，多白虎造像，此外还有朱雀、熊等。铺首之下，则有神人、力士、怪兽、犬、牛等造型。

铺首是含有驱邪意义的中华传统建筑门饰，大多为兽首衔环之状，用来表示镇凶辟邪。兽首衔环造型，商周青铜器上早已有之，亦称饕餮。

在所有动物中，与铺首或饕餮最接近的是老虎，所以民间亦称铺首为虎头。铺首或饕餮造型直到今天还用在民间房屋的大门上。

《山海经》中，昆仑神山的主宰西王母是"豹尾虎齿"。王充《论衡》引述《山海经》的内容，说在度朔之山，有鬼门，看守鬼门的神荼郁垒"主阅领万鬼。恶害之鬼，执以苇索而以食虎"，于是黄帝时"门户画神荼郁垒与虎，悬苇索以御凶魅"。说明远在三皇五帝时代，中华先民已经形成了画虎守门的习俗。

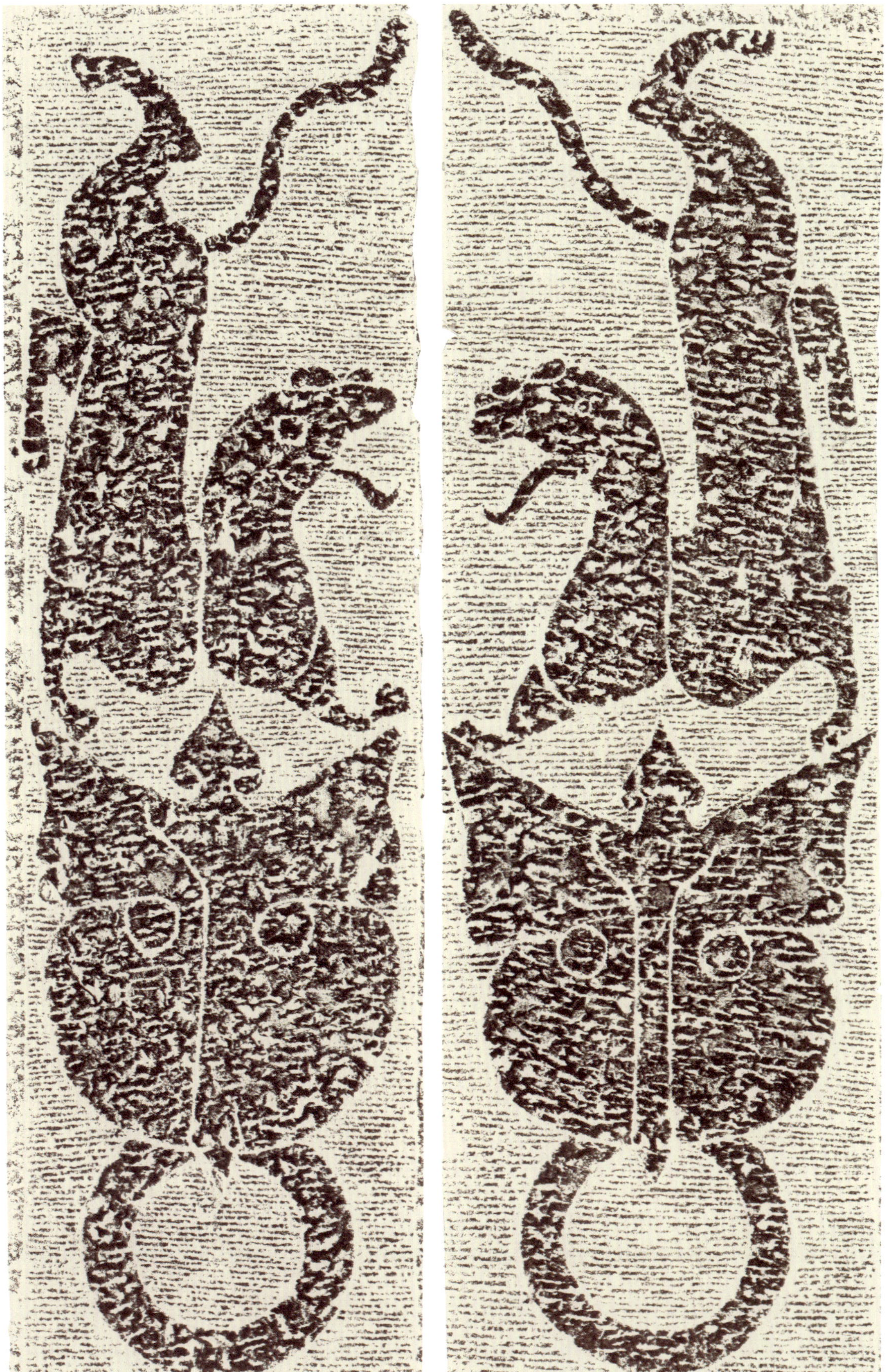

年代：东汉；产地：河南南阳；规格：左右均为 37.8cm×120.2cm

朱雀 · 神鼠 · 铺首衔环

这是刻于一扇汉代石墓门上的作品。上边为朱雀，中间为铺首饕餮，下边为神鼠。

这幅汉画中的朱雀线条流畅，飘逸妩媚，具有典型的南阳汉画特征。雀冠、尾翎如萱草造型，顶端绽成三瓣，如三叶草，又如三瓣花勿忘我。

三叶草被称为仙草灵花，在汉画中经常出现。它可能与“昆仑三重”观念有关，也可能与“三生万物”理念有关。在饕餮冠冕、尊神冠冕上，常常看到“三山”造型。

饕餮下的神兽，生双飞翼，有独角，而鼠目鼠嘴，鼠头鼠脑，又牛性十足。

饕餮常出现于青铜器上，尤其是鼎上，早在二里头夏文化的青铜器上便有了饕餮造型。

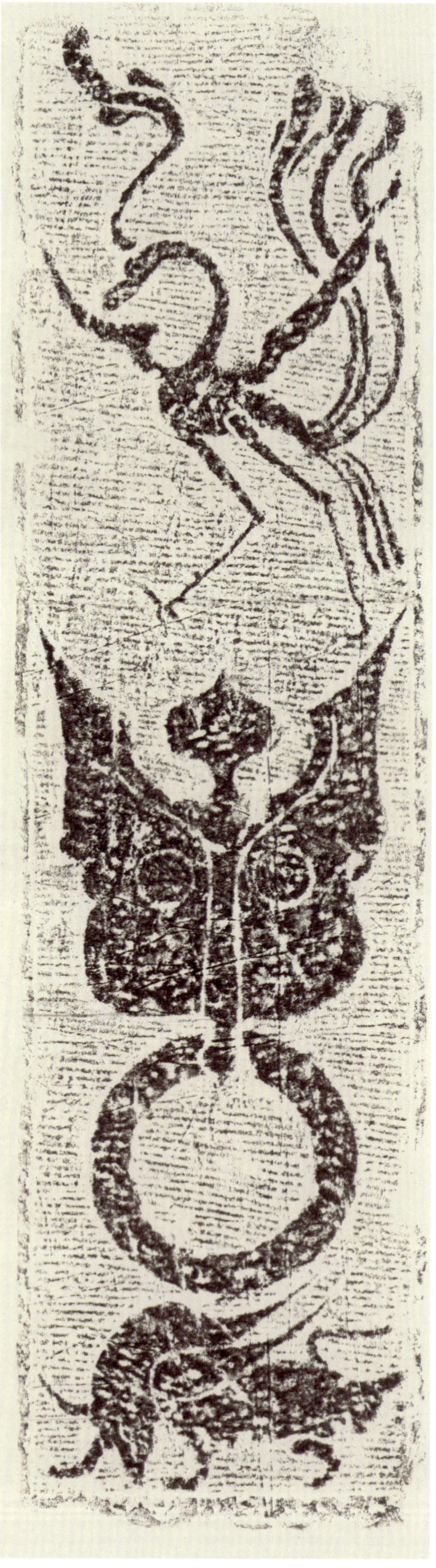

年代：东汉；产地：河南南阳；规格：35cm×125.9cm

三头鸟·拥巾侍者

这是一幅门奴拥巾图。

类似的造型，一般释为捧盾门吏或拥盾亭长。

汉画中多提盾、捧盾门吏造型。但不少门吏捧持的明显不是盾橹，也被一概释为捧盾门吏。

这幅汉画中侍者捧持的明显是布帛或衾被，意思为铺床叠被请君安歇，与执箕帚含义相近。

奉献布帛巾栉为古礼。《东观汉记·鲍宣妻传》："故使贱妾侍执巾栉。"可见执巾、捧巾与执帚、执戟一样，一者表示敬礼，二者表明谦卑的奴仆身份。

捧巾侍者头部上方，为一只三头鸟。此鸟头上又生二首，成三首。鸟腹浑圆，鸟翼耷垂，如同阳乌。三头鸟应为后世九头鸟的滥觞。三头阳乌与下面的拥巾侍者可能有某种关联，寓意为逝者送去温暖与光明，显见此石铭刻者寄托遥深，情甘意暖。

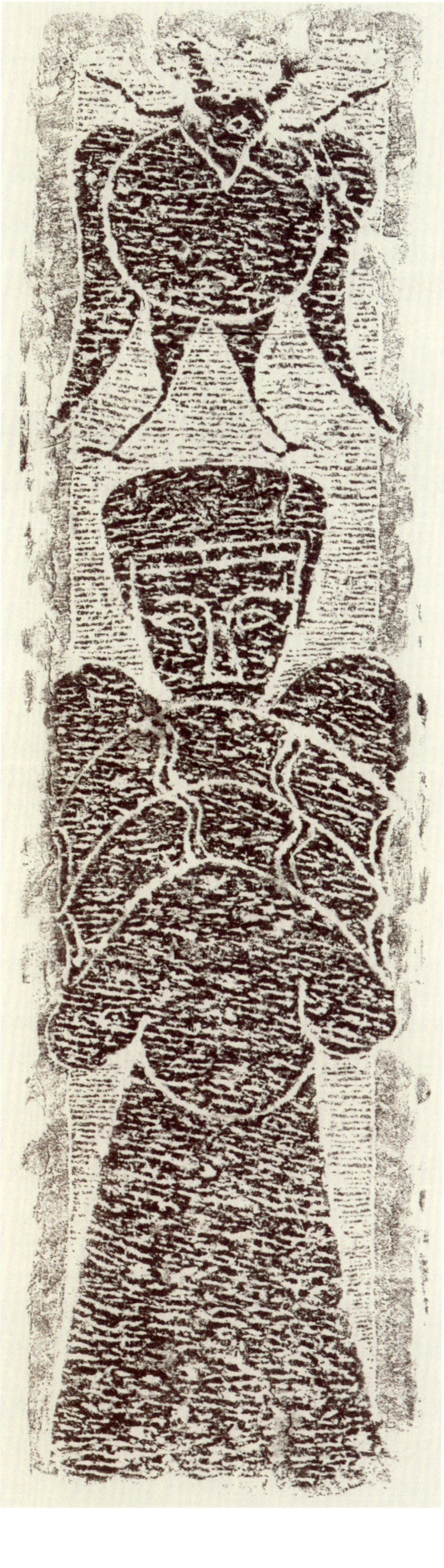

年代：东汉；产地：河南南阳；规格：34.8cm×127.7cm

异兽·执金吾门吏

这是一方门柱石上的作品，上面是两个灵兽，下面是两个执金吾门吏。

上面的两个神兽，是善于负重的灵兽。它们口吐长舌，双腿下蹲，双臂上举，双手顶着柱石边沿，看上去既轻松幽默，又能感觉到它们在挺举着千钧之石。

这种善举的神兽很容易让人联想到《山海经》里的神山“成都载天”和神人“二负”。在《列子·汤问》里，著名的“愚公移山”故事里还有善负的“夸娥氏二子”。传说中的赑屃也特别善于负载。

在汉画里，善于负载的神兽千姿百态，还没有固定下来。

这里介绍一下执金吾门吏。金吾就是棒子，执金吾就是手拿大棒。执金吾还是汉代官职名，是率禁兵保卫京城和宫城的官员，本名中尉。

《后汉书》记载：“光武适新野，闻后（指阴丽华）美，心悦之。后至长安，见执金吾车骑甚盛，因叹曰：‘仕宦当作执金吾，娶妻当得阴丽华。’”意思是说，汉光武帝年轻时爱上了邻县新野县的美人阴丽华，他后来到首都长安看见掌管京城治安的官员威风凛凛，脱口而出，说出了自己的人生两大心愿：当官就当执金吾，娶妻就娶阴丽华。

汉画中执金吾门吏很多，这可能是汉朝的励志图：做好平凡工作，保不准哪天也会做皇帝。

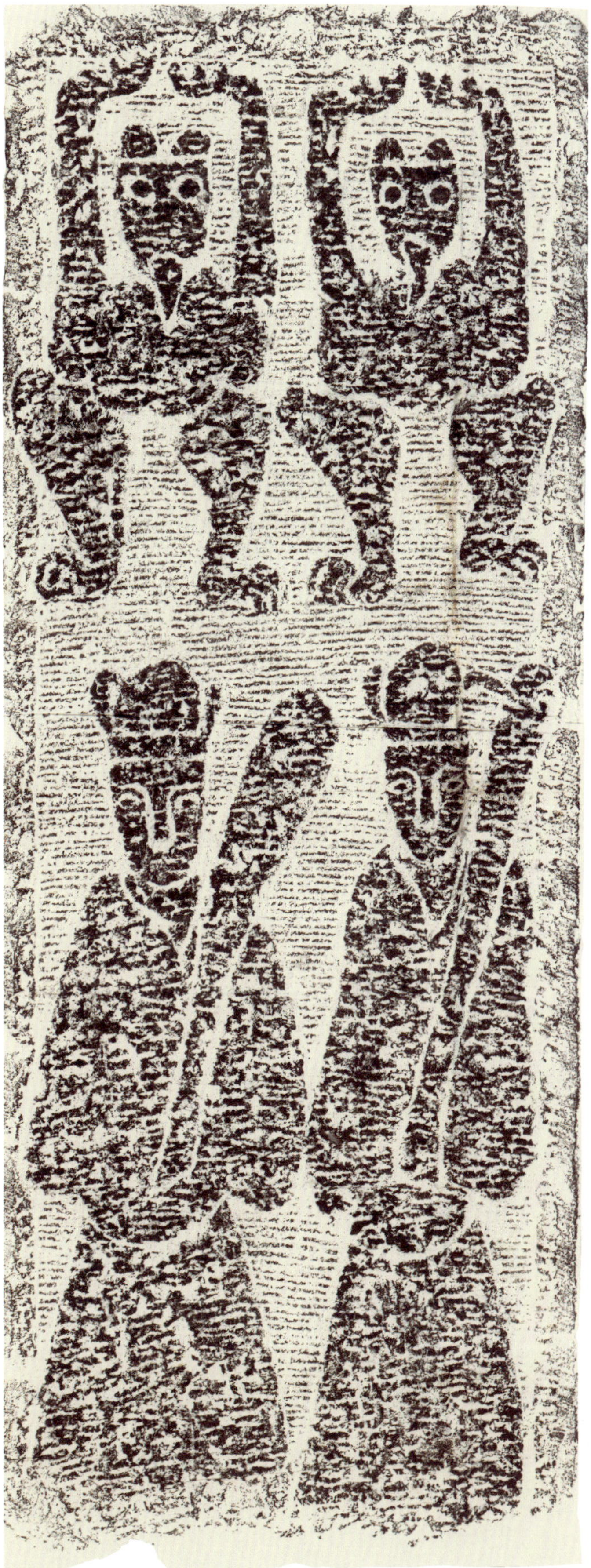

年代：东汉；产地：河南南阳；规格：46.7cm×125.7cm

执谒门吏

这是一方门柱石刻。门柱位于门扉两侧，一般上刻门吏、力士、神兽等，与门扉刻画图像功能一致，用于守护门户。

此门柱上为一门吏，戴冠，执谒，眉清目秀，深衣整饬，一副翩翩少年形象。

汉画门柱上的执谒者往往被释为执笏门吏。

笏是记事板，最早用于上朝时，大臣手中握持。

实际上，汉画门吏手中举的大多不是笏，而是谒。谒也叫刺、通刺、名刺、门状，类似于今天的名片。拜见人时，把姓名写在木板上，递给对方。

拜谒或投刺是古礼。

门吏是不必要执笏的。

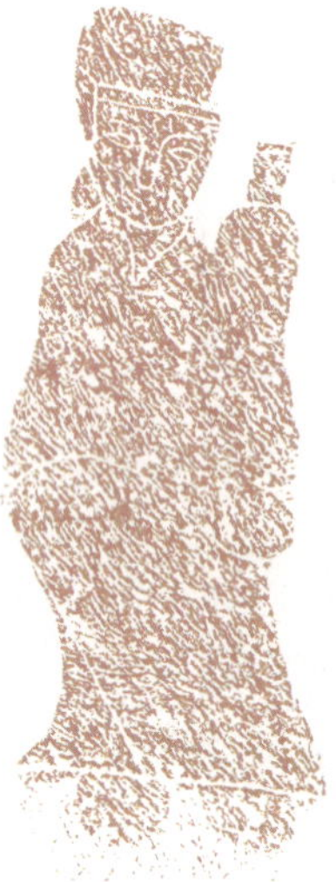

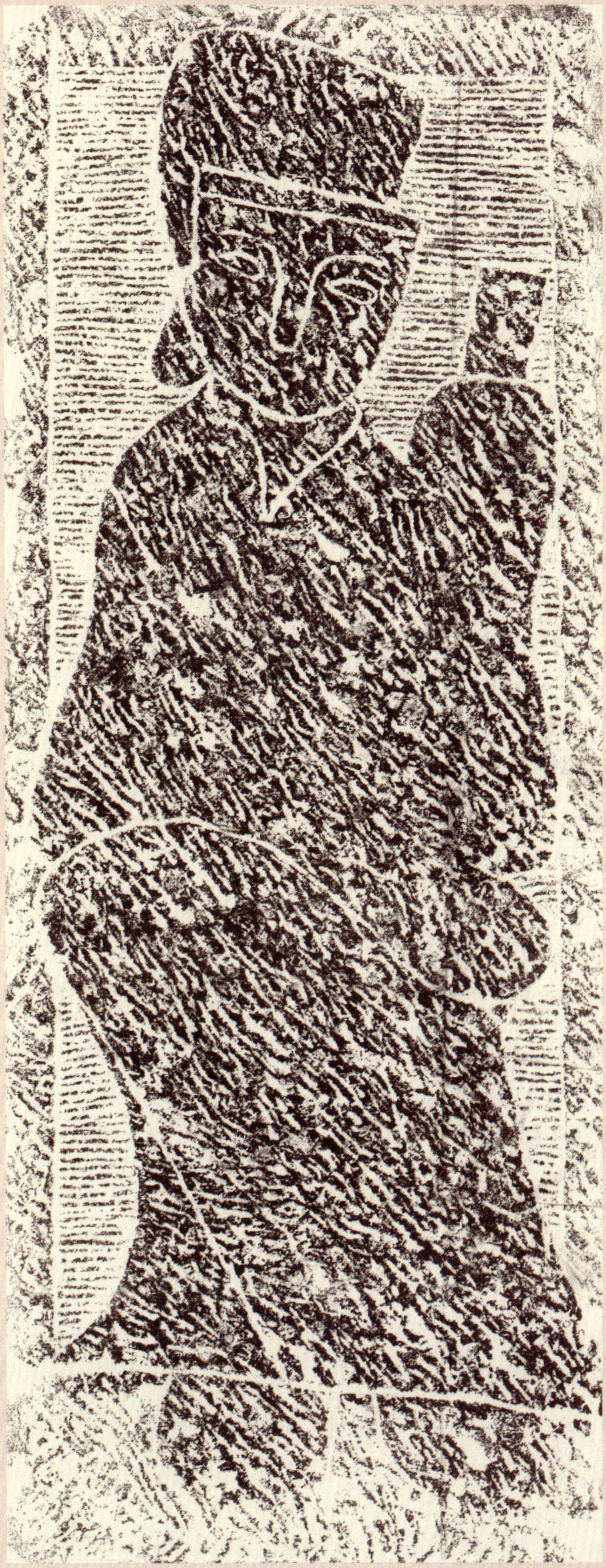

年代：东汉；产地：河南南阳；规格：48.4cm×123.8cm

执棨戟门吏

这两个执棨戟门吏为同一汉墓墓门两侧门柱上的造像。

戟是一种矛、戈合体，既能直刺又能横击，还能钩啄的分枝状战斗兵器，其杀伤力比戈和矛都要强，是先秦至秦汉魏晋时军中的制式装备。戟一般由青铜戈和矛以及木柄组成，也有整体铸造的戟，大量用于车战，为“车战五兵”之一。东晋十六国时期，北方少数民族入侵中原，戟逐渐为刀所取代。后世仍作为仪仗器具。

中国古代还有一种仪仗用道具戟，名棨戟，是官吏出行时，作为前驱的仪仗，戟上有赤黑缯做成的套子。棨戟后亦架于宫殿、官署门前，用以表示威严。汉画中门吏所持和天子出驾的卤簿、官僚仪仗中的戟，大多为棨戟，也就是礼器，不是格斗击杀武器。

此二幅汉画中门吏所持，即为棨戟。

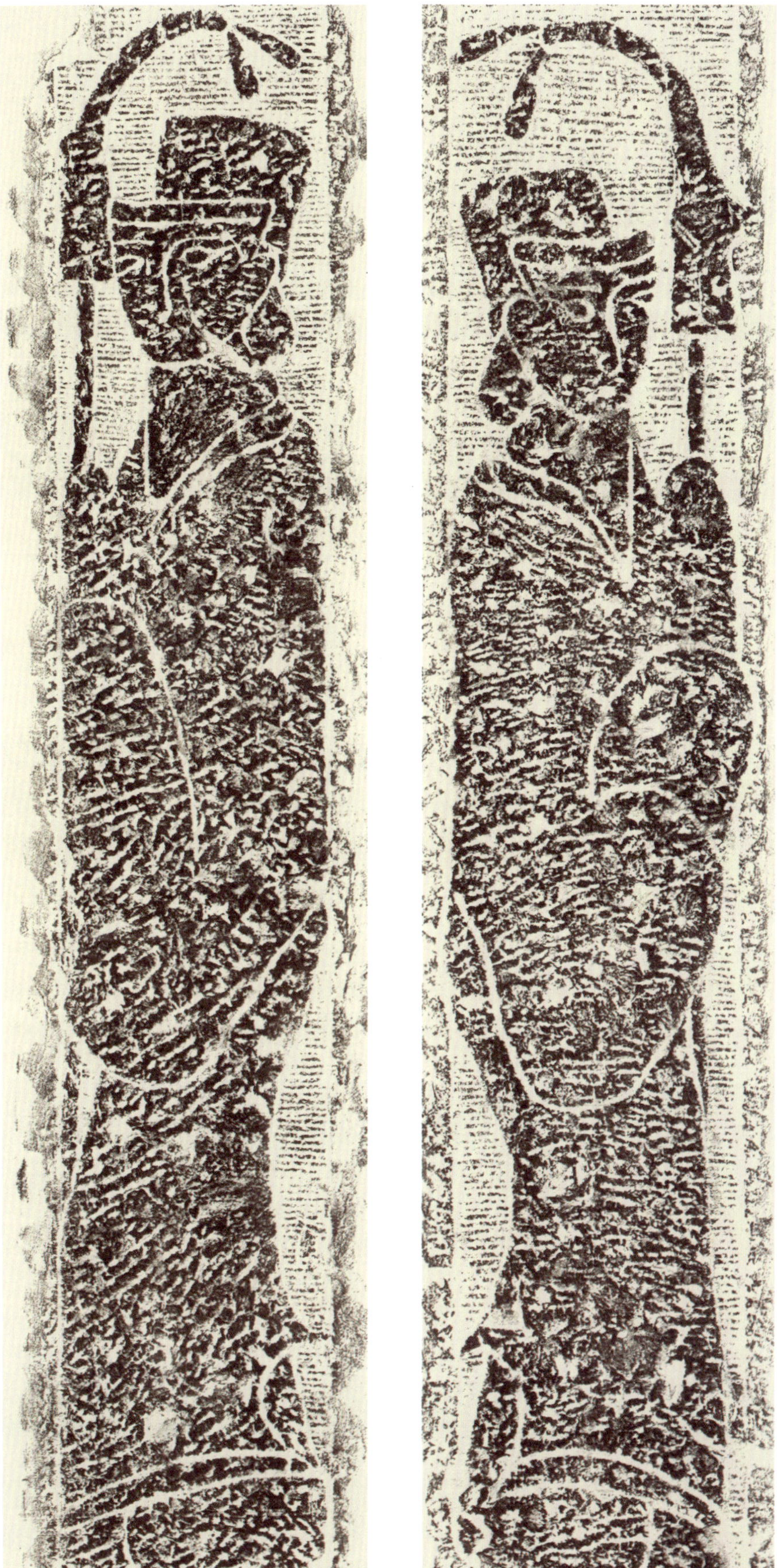

年代：东汉；产地：河南南阳；规格：34.6cm×152.2cm（左）；34.5cm×147.6cm（右）

捧盾门吏

这幅汉画上刻绘的是捧盾门吏。

盾，古人称干，后世改称牌、彭排，是一种防卫兵器。

鸿门宴上，壮士樊哙使用铁盾将交戟门前的卫士撞倒在地，并在上面切肉。这是人们对盾的一般认识。

盾的出现很早。《山海经 · 海外西经》记："形天与帝至此争神，帝断其首，葬之常羊之山，乃以乳为目，以脐为口，操干戚以舞。"这里的干指盾，戚指斧钺。

盾还是一种礼器，祭祀道具。汉画中捧盾门吏所捧持的盾，应该是类似于祭祀用的简易盾。

南阳汉画以传神著称，人物面部往往仅有轮廓。此汉画中的捧盾门吏眉清目秀，衣裾宛然。沈从文在指导电影《张衡》的服装艺术设计时，建议从汉代出土文物、汉画像砖和汉代墓室壁画中去寻找依据，认为这才是当时汉代生活的反映。这话是很有见地的。南阳汉画"捧盾门吏"对研究汉代服饰就有非常重要的参考价值。

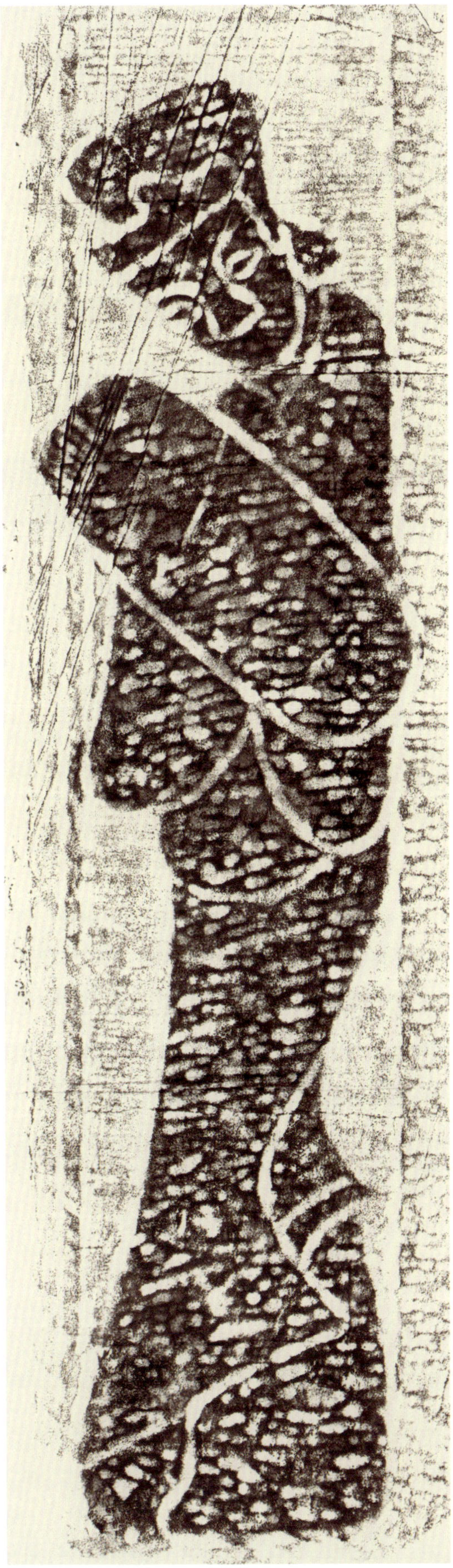

年代：东汉；产地：河南南阳；规格：34.3cm×149.5cm

拥彗门吏

这是一方门柱石上面刻的人物，人物抱持一把笤帚。

笤帚古时也叫彗，汉画中抱持笤帚的人物造型，一般称为拥彗门吏。

笤帚是用来扫地的。门吏实际上就是门奴，他抱持笤帚躬身门前，表示已将道路和庭园室内打扫干净，恭候贵宾大驾光临，是一种谦恭的待客礼俗。

在全国各大汉画像石、汉画像砖产区，拥彗门吏司空见惯。这一汉人喜闻乐见的造型，还有特别的意义。

据《史记 · 孟子荀卿列传》，战国时贤士邹衍到燕国时，燕昭王亲自扫路，“拥彗先驱，请列弟子之座而受业”。这与信陵君亲自驾车“虚左”拜访名士侯嬴异曲同工，是王公贵族礼贤下士的高风亮节。

《史记 · 高祖本纪》还记录了这样一个故事——

汉高祖刘邦是个大孝子，他当上皇帝后，每五天就要回家看望老爹刘太公，行家人父子礼。太公的管家对太公说：“天无二日，国无二王。皇上虽然是您儿子，但更是人主。您虽然是父亲，但在皇上跟前首先是子民人臣。怎么能让人主拜人臣呢，这有损皇帝威信！”刘邦退朝回家，远远看见太公怀里抱个笤帚毕恭毕敬站在大门口；刘邦走近了，太公还诚惶诚恐小步连连后退。这让刘邦大吃一惊，连忙下车去扶太公。不料太公一本正经地说：“皇上是人主，怎么能因为我而乱了天下法度呢？”刘邦打听得知是管家出的主意，重重赏赐了他。

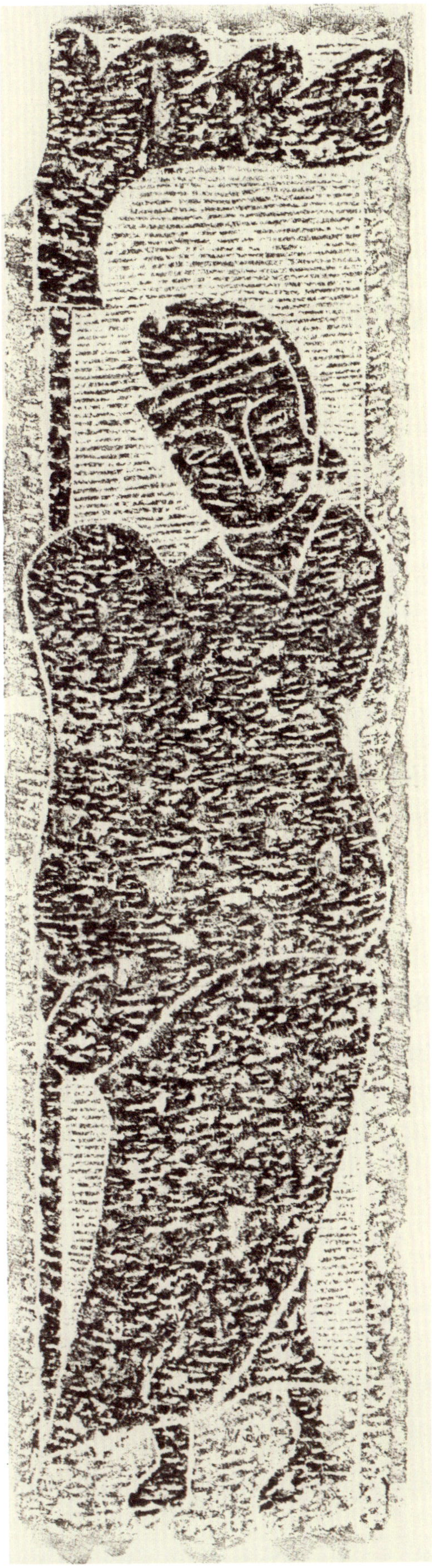

年代：东汉；产地：河南南阳；规格：35.2cm×127.8cm

使 节

这是一方门柱上面刻绘的持节使者。

尽管人物胸部以下严重损泐，但他头戴武冠，右手擎举旄节，相貌堂堂，气度不凡，是出使异域汉家使节的形象写照。

符节是古代传达王命和国家意志的信用凭证。符指的是印信，是古代朝廷传达命令或征调兵将用的凭证；节指的就是此汉画中使节所秉持的旄节。

旄节用竹管做成，节上装饰的是牦牛尾。节象征着忠诚和气节；牦牛尾象征君王的意志，不可更改，值得信赖。

汉代最著名的三个使节是张骞、苏武和班超。其中张骞因“凿空西域”而被封为博望侯。博望侯采邑就在今河南省南阳市。

南阳汉画中多车马出行图和胡人造型，胡笳、胡腾舞和骆驼这些西域独有的文化意象也屡见不鲜，这些都与张骞出使西域和封侯南阳有着千丝万缕的联系。《汉书 · 张骞传》记，匈奴“留骞十余岁，予妻，有子，然骞持汉节不失”；张骞第二次出使西域，汉武帝给张骞配备“多持节副使”；张骞死后，汉使者借助张骞在西域的声望，常常自称博望侯，“以为质于外国，外国由是信之”。

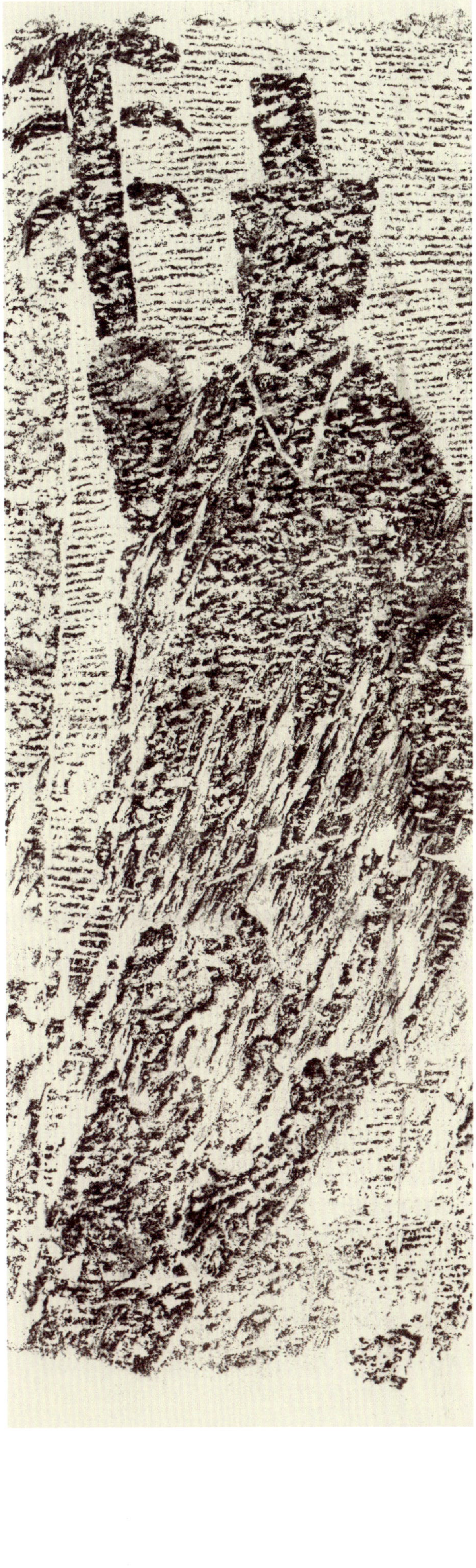

年代：东汉；产地：河南南阳；规格：40.4cm×124.5cm

端灯侍女

画面上是掌灯侍女。

灯火是气体、热量和光的组合，汉代工匠用蛇形浅浮雕石刻来表现，还传递出了灯烟与灯影的神韵。

给人留下最深刻印象的还是掌灯侍女纤细的腰肢。

文献记载，楚王好细腰。

《墨子 · 兼爱中》：“昔者楚灵王好士细腰，故灵王之臣皆以一饭为节，胁息然后带，扶墙然后起。”

《战国策 · 楚策一》：“昔者先君灵王好小要（“腰”的古字），楚士约食，冯而能立，式而能起，食之可欲，忍而不入。”

《后汉书 · 马援列传》：“楚王好细腰，宫中多饿死。”

由“楚王好细腰”还生成“楚腰”一词，借指女子细腰。

南阳为楚地，南阳汉画造型浪漫飘逸，楚风浩荡。耐人寻味的是，即使是平凡的捧奁女婢、端灯侍女，也同样袅袅婷婷，身材修长妩媚。其实南阳汉画中还不乏“善窈窕”的纺织娘和教子的慈母，她们与抚琴鼓瑟的乐伎和踏盘弄袖的舞女一道，合奏出一曲美丽的汉代劳动者之歌。

年代：东汉 产地：河南南阳 规格：27.9cm×99.9cm

执炉侍女

此为执炉侍女图。

画中侍女似年方及笄，稚气未脱。她峨鬟高髻，长裙曳地，若不是手捧香炉，很难把她与女婢联系起来。

鲁迅初接到南阳杨廷宾寄给他的汉画时，于 1935 年 12 月 21 日致信王冶秋说："其比别的汉画稍粗者，因无石壁画象故也。"至今一些研究汉画的学者，还经常引用鲁迅的这段话来说明南阳汉画"稍粗"。实际上，南阳汉画飘逸浪漫，气韵生动，已经成为大多数汉画研究专家的共识。

鲁迅先生之所以说南阳汉画"稍粗"，是因为杨廷宾等南阳籍中共青年地下工作者前期主要从风化和河流侵蚀严重的桥基、路基、井台等露天场所散存的汉画像石上制拓，且前期制作拓本的技术较为原始简单。后来，杨廷宾、王正朔、王正今等南阳进步知识青年从南阳教育馆保存较好的汉画像石上制拓，同时在鲁迅指导下专门从外地购买制拓专用纸墨。鲁迅后来收到的南阳汉画拓片就好多了，鲁迅写信赞扬"纸墨俱佳"。这幅端持香炉的侍女图，无论从体现南阳汉画的造型特点还是制拓水平来看，都是上乘的，与"稍粗"似无关系。这既有南阳青年带着敬意和激情为鲁迅精心制拓之功，也与孙文青等南阳人士不遗余力保存汉画像石密不可分。

年代：东汉；产地：河南南阳；规格：34.3cm×101.3cm

建鼓舞

建鼓是一种大鼓，鼓身长而圆，鼓体大，两面蒙皮，用两槌击鼓，音量洪大，传播甚远。建鼓中间贯以长柱，下置龙虎基座，上饰羽葆，气概雄伟。

商周之际已有建鼓，战国时广为应用。《国语·吴语》：“载常建鼓，挟经秉枹，为万人以为方陈（方阵）。”

汉代建鼓多以流苏羽葆为饰。羽葆以野鸡尾做成，羽葆中间的幢上有流苏，用丝帛之类制成，可随风飘扬。明清两代宫廷一直使用建鼓，在大型祭祀乐中，建鼓均为开典领奏乐器。我国今日流传的许多大鼓，都起源于建鼓。

此画中的大鼓即为建鼓。下边有基座，基座左右各有一细腰小鼓，即应鼓。上边飘飞的丝带为羽葆。建鼓左右各有一鼓手，边击鼓边舞蹈。

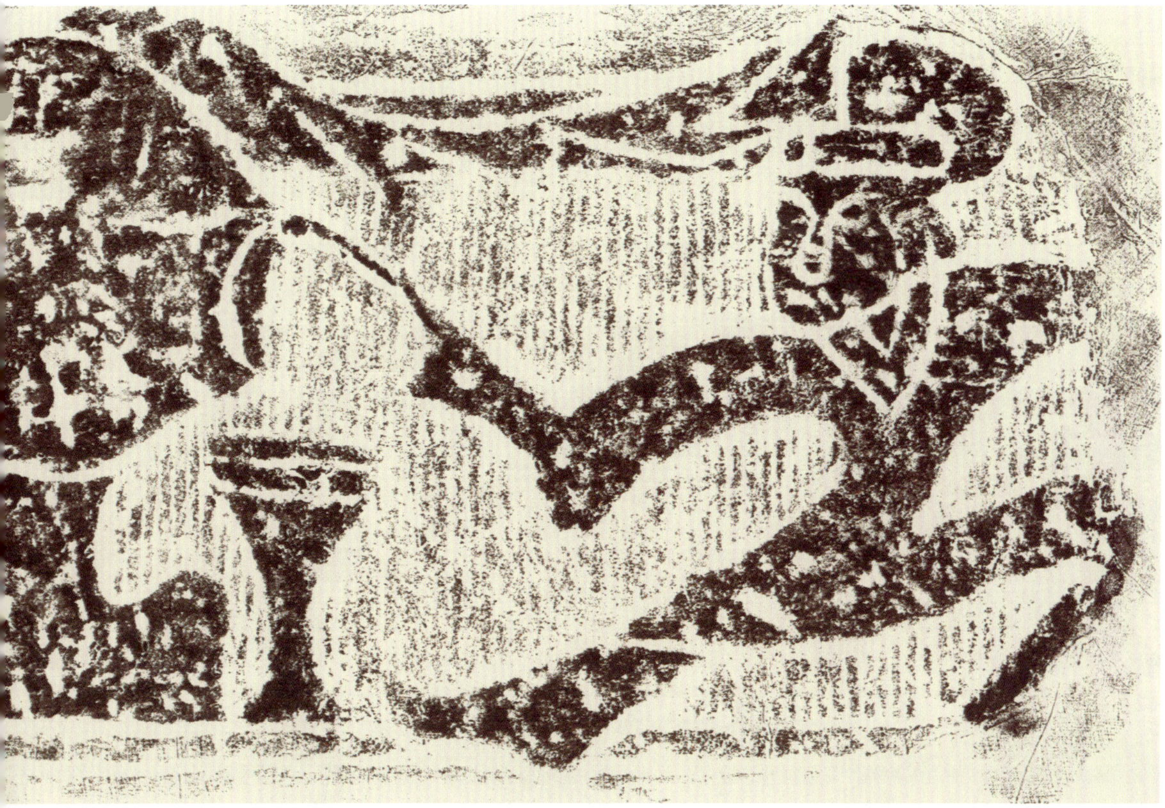

年代：东汉；产地：河南南阳；规格：114.9cm×38.8cm

建鼓乐舞

南阳汉画以单幅横式著称，即使复杂丰富的故事情节，也是次第展开，运用的是散点透视之法。这是鲁迅藏南阳汉画中唯一一幅像宽银幕电影画面的，上面的内容立体而丰富，是南阳汉画中不可多得的珍品。

画面分为两组图像。

最引人注目的是右侧的建鼓舞。建鼓挺拔雄壮，羽葆飞扬。鼓身上下左右有四只

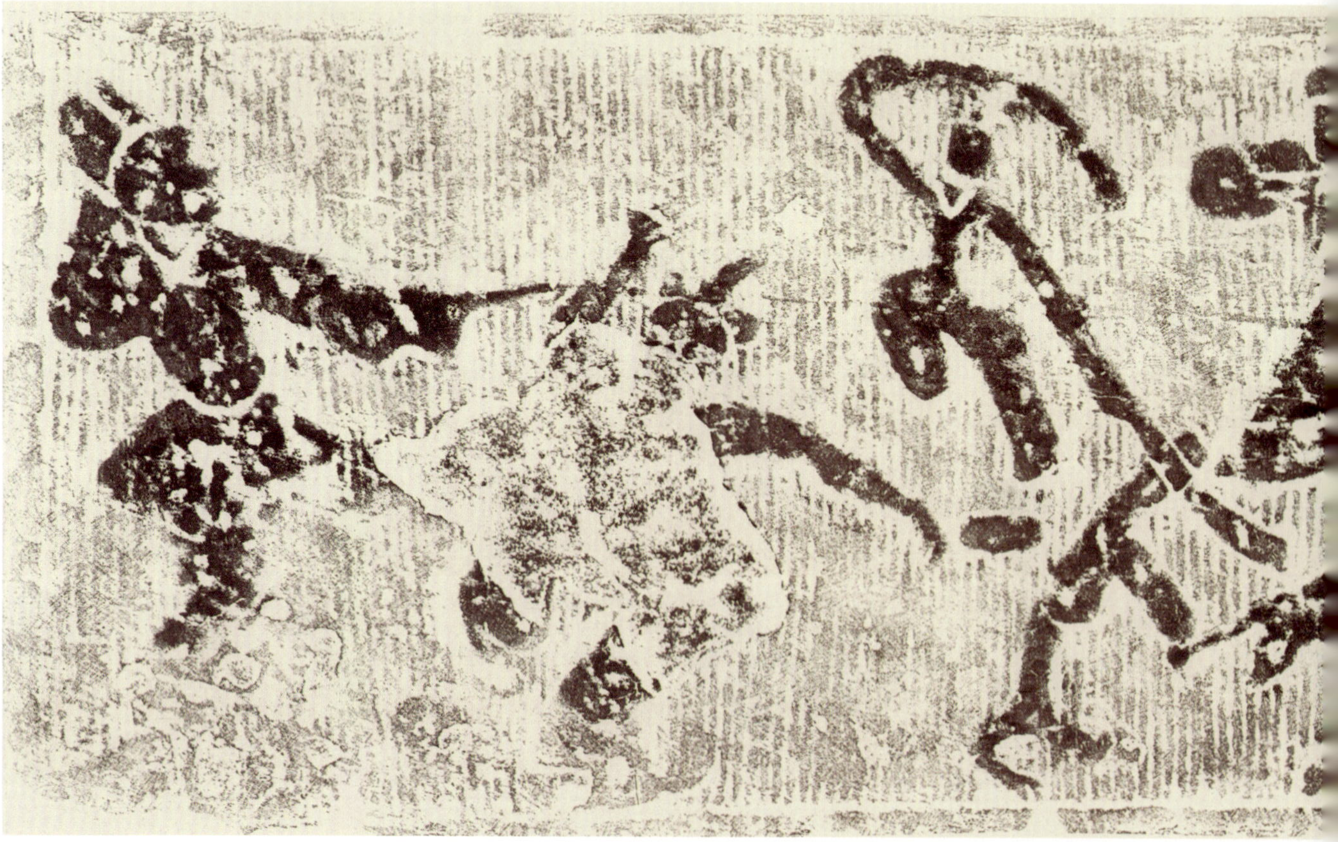

鞠球。猛虎座建鼓两侧，各竖立一面“工”字形应鼓。二鼓手甩臂腾跃，上擂建鼓，下敲应鼓，营造出踊跃旋舞、山鸣谷应，令人目不暇接的鼓舞图。建鼓上边，左有一伎，左手挥摇拨浪鼓，右手把排箫横吹；右边有一乐伎，正挥手放歌。这两个乐伎身材明显比鼓伎矮小很多，显示出舞台纵深效果，说明绘制雕刻南阳汉画的汉代艺术家同样深谙焦点透视原理。

画面左边四人构成一组。

最左戴平冠的乐伎，左手执槌，似在敲击右边舞伎的手臂；他的右手附在耳旁，显示他边唱边舞。中间图像严重损泐，所幸残留的片段，可以拼凑出一个戴橛式冠的舞伎，醉汉般斜仄着身体忘情舞蹈。右边上下各有一女伎，广袖善舞，其中下面的舞伎倒立弄盘。

整个画面既有鼙鼓丝竹，又有清讴靓舞，还有百戏杂耍，各秀绝活，精彩纷呈。

年代：东汉；产地：河南南阳；规格：148cm×47.5cm

钟鼓乐悬

这幅汉画是典型的钟鼓乐悬。画面正中为建鼓舞。建鼓置于虎座上，二舞伎奔放而优雅地蹴鞠击鼓。

画中右边为撞钟图。高大的簨虡（悬挂钟磬悬鼓的木架，上面的横木曰簨，两边的竖木曰虡）上，悬挂着一口巨大的甬钟。虡右一盘坐女伎，右手扶虡，左手执撞杵击钟。最右一女伎双手拢于胸前，似在歌唱。

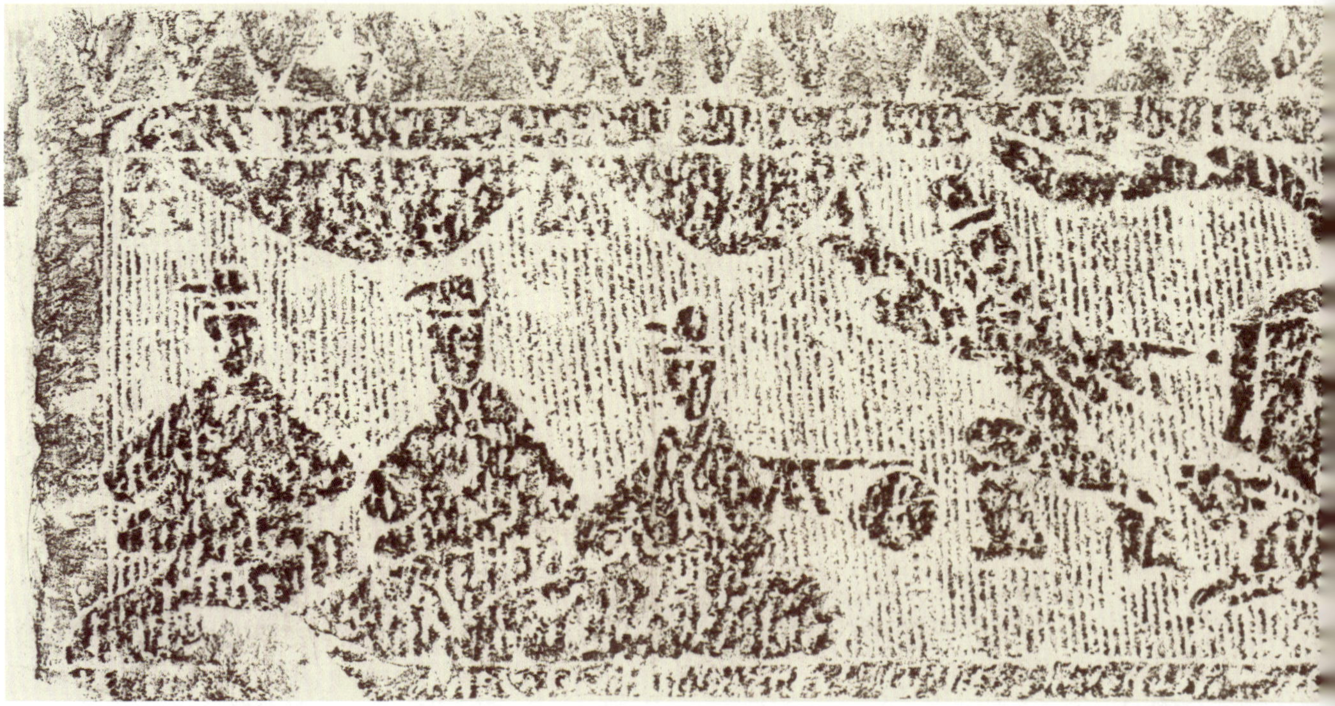

左边三个乐伎，最右者执槌拍击鼓乐伎踢过来的鞠球。中间一伎双手拢于胸前，亦似在歌唱，与右边歌伎相和。最左一伎，似捧埙而吹。

鼓为八音之最为恢宏者。以钟磬、建鼓为核心的钟鼓乐悬，是古代礼乐和雅乐的象征，为上古国家祭祀音乐的标志。但是东周以降，礼崩乐坏，钟鼓已不再是天子王侯祝天祭祖的专利，一变而为人世寻欢的乐器。

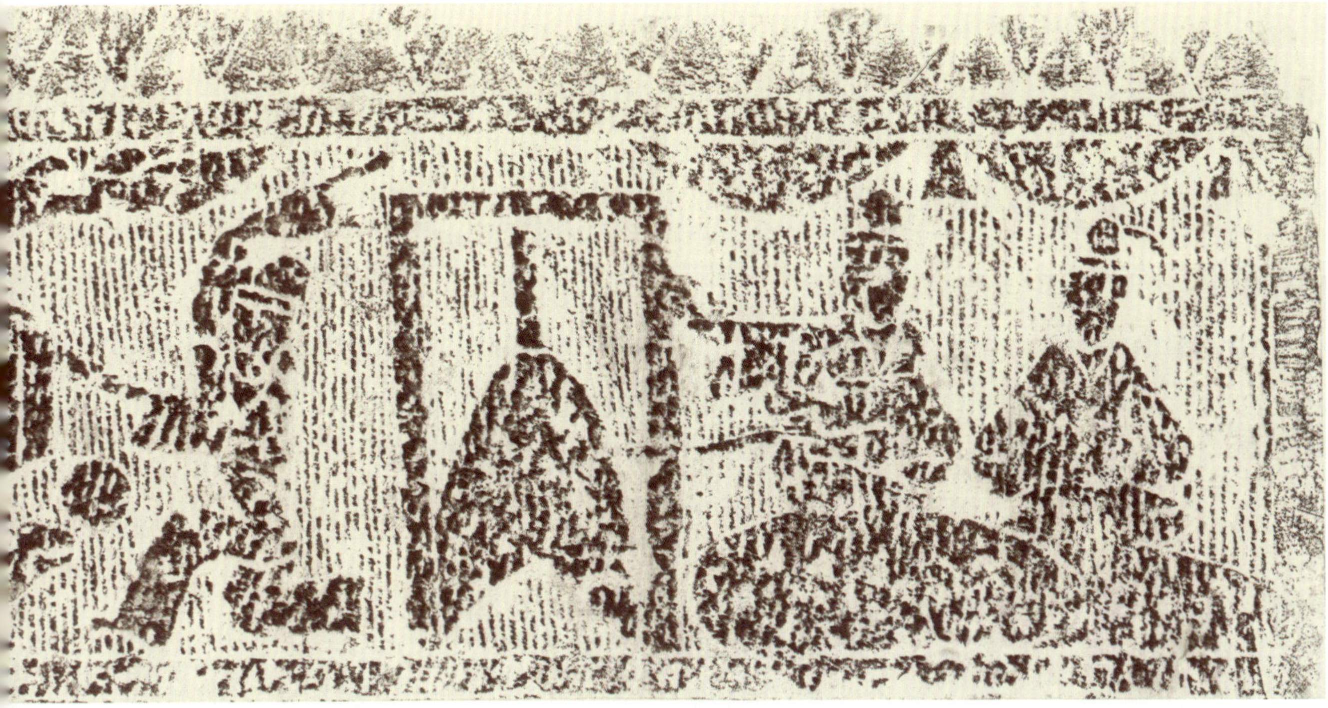

年代：西汉；产地：河南南阳；规格：146cm×42cm

口 技

画中左半为建鼓舞，舞伎边击鼓边舞蹈，同时还在蹴鞠。左边的舞伎展示柔功，右边的舞伎更显干练。画面右边三个演奏者，左右二人“自吹自播”，演奏的是播鼗吹箫。中间一伎，将双手拢在颔下胸前，手中并无笙埙乐器，表演的是口技。

口技是杂技的一种，古代属百戏。表演者用口模仿各种声音，使人产生身临其境的感觉。古时口技表演者多隐身布幔或屏风后，俗称“隔壁戏”。除了运用嘴、唇、牙、舌、喉、鼻等发音器官模仿各种声音外，高明者还会运用腹语术。

史书记载确定会口技的，是2300多年前的“鸡鸣狗盗”之徒。据《史记·孟尝君列传》，公元前298年，孟尝君的门客在秦都咸阳扮狗盗得狐白裘，又学鸡鸣引众鸡齐鸣骗开城门，顺利脱身。

学者一般认为，口技可以追溯到上古时代。那时先民为了狩猎，经常模仿鸟兽叫声迷惑、引诱、捕猎它们，或模拟发出恐怖的声音威吓鸟兽。

年代：东汉；产地：河南南阳；规格：136.8cm×35cm

舞乐百戏

音乐、舞蹈、蹴鞠、杂技、魔术等各种娱乐内容，统称舞乐百戏。舞乐指的是舞蹈和音乐，百戏指的是杂耍、变戏法等大众喜闻乐见的节目。

画中左边三人表演的是奏乐。

最左一人专注于抚琴。琴师右侧，一名高髻女伎盘坐于绒毯之上，双手拢于胸前，似在歌唱。左数第三人是个戴冠男子，盘坐于绒毯之上，左手拿着鼓槌击球。

画中右边三人，表演的是百戏内容。

左边一人，抠着眼眶，吐着长舌，光着膀子，袒着肚子，表演的是魔术或幻术。中间的女子拖着两根辫子，右掌支撑，左手五指辅助，在奁匣上表演倒立，这是杂技中的柔术。最右边的内容是蹴鞠，也就是踢足球。

年代：东汉；产地：河南南阳；规格：136.5cm×34.7cm

黄公斗虎

这是一幅蚩尤戏画面，内容是东海黄公斗虎。

人兽相斗统称为蚩尤戏或角抵戏，这是一种集逐傩、戏剧、杂技、斗兽、歌舞于一体的综合娱乐活动，是汉画的常见题材。

画中的斗士头戴面具，袖头卷曲如螺，衣裤如西班牙斗士的职业装，显得极其干练。与之相对照，他所斗戏的猛虎体量是他的四五倍，且威猛异常。看得出斗士小心翼翼，但毫无惧色。

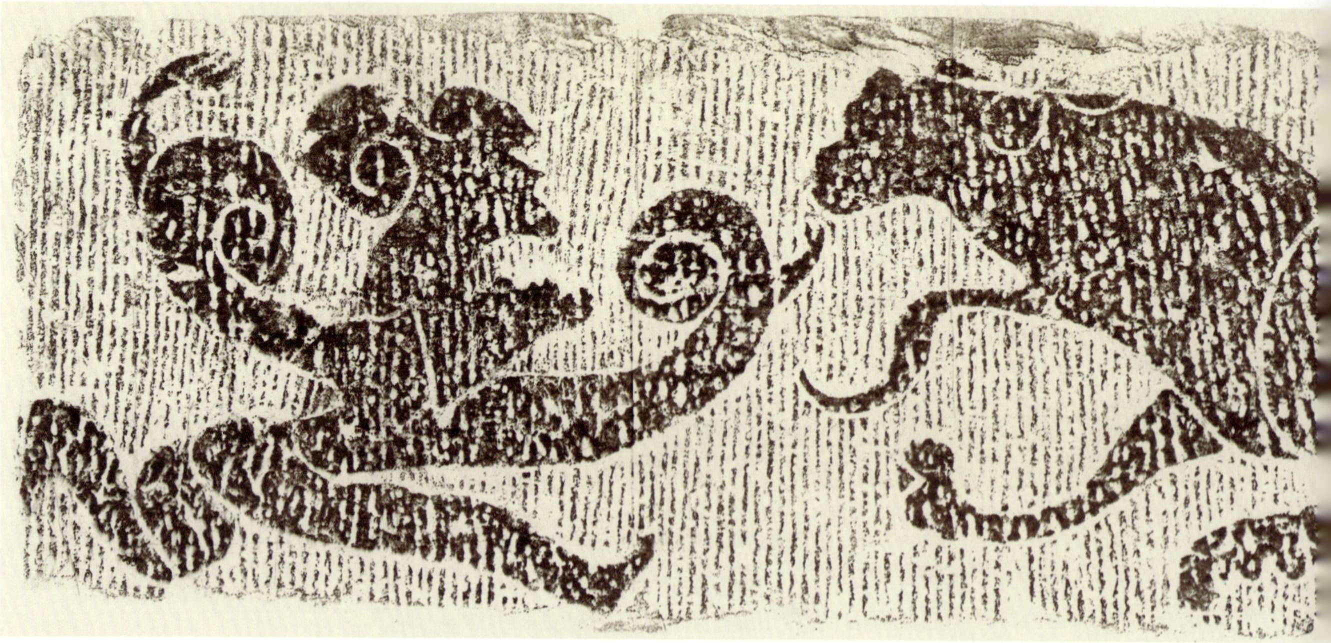

这位斗士很可能就是葛洪《西京杂记》记载的东海黄公。黄公年轻时练过法术，能够抵御和制伏蛇、虎。他经常佩带赤金刀，用红带束发，作起法来，能兴云雾，本领很大。

秦朝末年，东海出现白虎，黄公已老，但他雄心犹在，依然手持赤金刀意图镇服猛虎，可是法术不灵，反被白虎咬死，成为悲剧英雄。

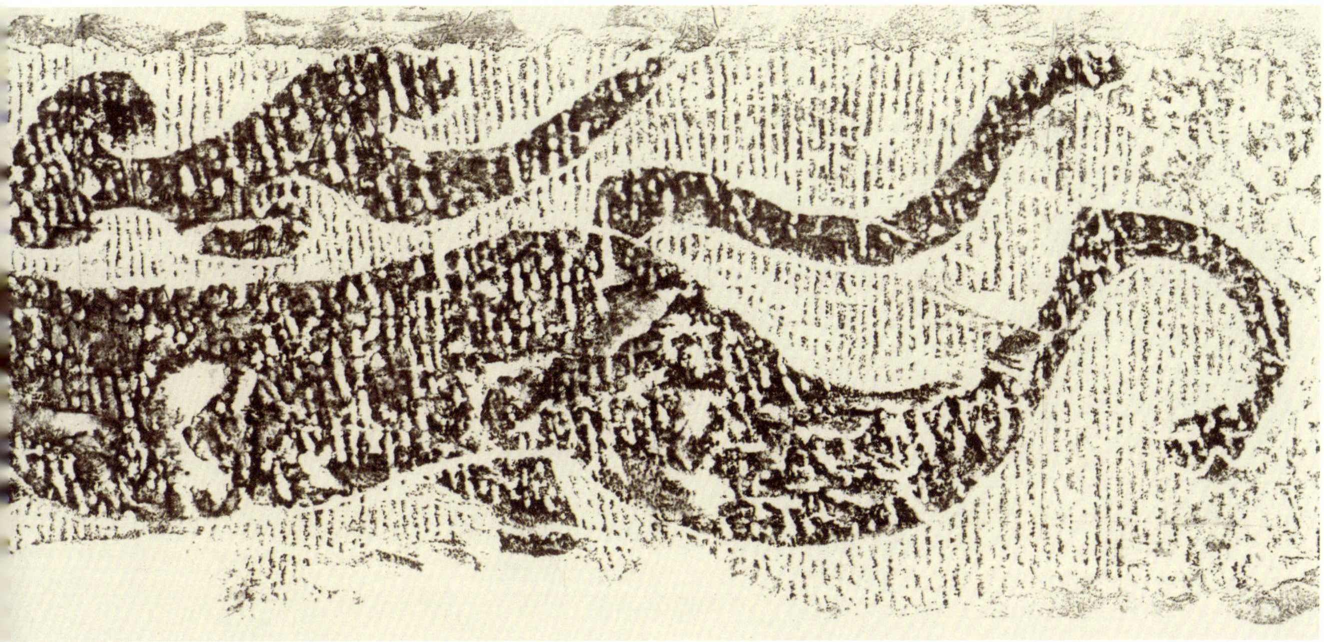

年代：东汉；产地：河南南阳；规格：178.7cm×39.3cm

百兽率舞

此石刻绘洪荒年代，在昆仑群玉之山，人神杂糅，百兽率舞。

画面中四个神兽，个个生翼戴角，矫健敏捷，力量无边，但无不可亲可爱。

其中最左者为虎身，横跨五山，昂首长啸。其右为青龙，长尾似钩，跃于三冈之上。再右者龟目犬耳，兔尾猪颔，鹿身猫蹄，虽憨态可掬，却一蹄踏二峰，或为神兽狸力。最右者鸟首鸡喙，冠羽三歧，豹身长尾，踩履四岳，或为神兽穷奇。

四兽之间，青云如练，又似花团锦簇。

在龙虎之间，丘峦之上，青云之里，有一人似人似仙，似魅似妖，尾生毛羽，舒臂腾空。

《山海经》记载民之国的人不纺织有衣穿，不种地有饭吃，“鸾鸟自歌，凤鸟自舞。爰有百兽，相群爰处，百谷所聚”。这是上古中国先民的理想国。

年代：东汉；产地：河南南阳；规格：277.4cm×34.8cm

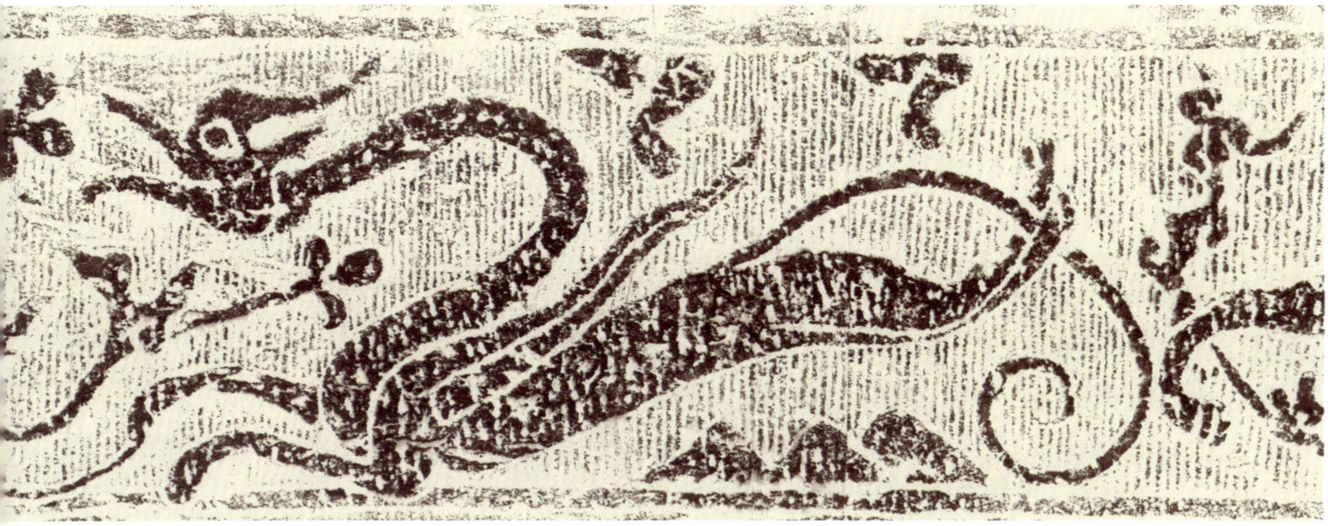

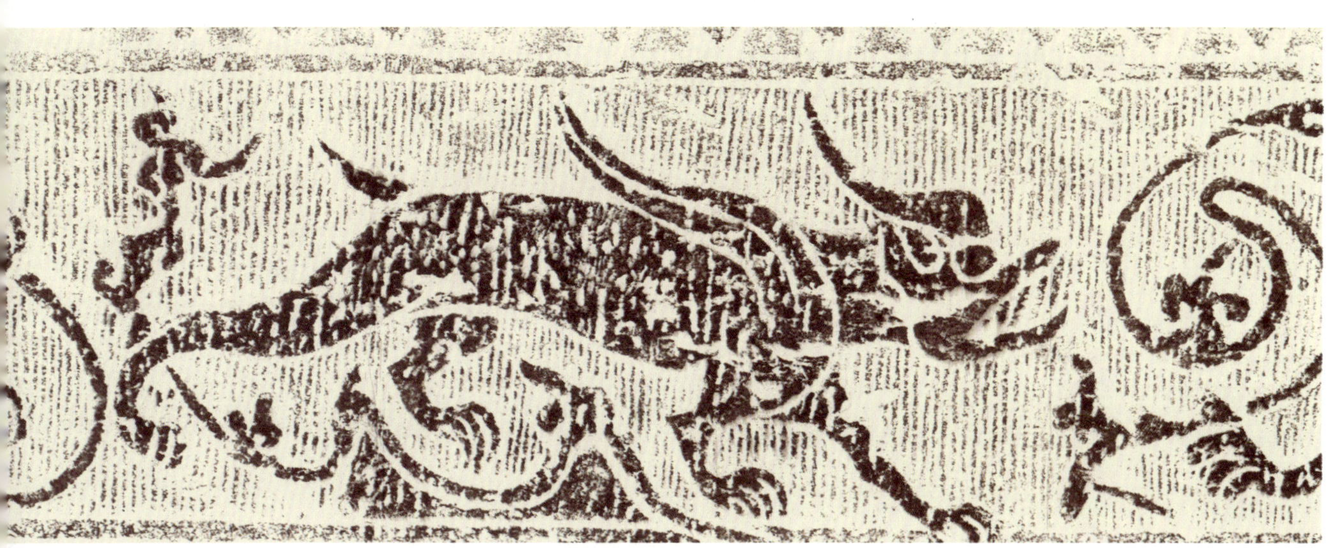

百兽率舞（局部）

熊兕斗

南阳汉画多见二兕斗和熊兕斗。其中的兕形如猛牛，头生独角，两胁生翼，瞪目俯首抵角，精神抖擞，斗志昂扬。

这幅汉画中的兕身如巨牛，角如弯钩，双翼贴腰，尾似扫帚。它身下有八座山峦，大有藐三山五岳的气概。它的肩胛夸张地隆起，躯干横长，四肢发达有力。它的左蹄

踏破下边框，尾梢扫入上方石框，既无拘无束、放浪不羁，又给人以没入石棱、拔山盖世之感。

左边的熊圆滚如球，大嘴小眼，憨厚可爱，看得出它在戏耍神兕，为这幅汉画增添一抹幽默喜剧色彩。

年代：东汉；产地：河南南阳；规格：149cm×43cm

狮子王

画面中间为狮子，鬣毛倒竖，阔口，尾巴粗大。狮子神态并不威猛，甚至有点呆萌。它右边的神牛丰肩巨胛，似乎有无穷力量，但面对狮子，却夹尾低首。左边的独角兽更是庞然大物，以善斗著称，但慑于狮子威力，落荒而逃。

这幅画面让人想起黔之驴的故事。只是此画中“憖憖然”的不是老虎而是狮子；“终不敢搏、技止此耳”的是犀兕和公牛。

狮子之所以不怒而威，以善斗闻名的独角神兽和神牛之所以露出狼狈相，与汉代

帝王热衷于西域贡献狮子有关。

中国古代有四灵之说，四灵也称四神，指青龙、白虎、朱雀、玄武。汉画中狮子的出现，是张骞出使西域后西风东渐、中原地区受到西域文化影响的见证。《汉书》和《后汉书》中，西域各国向汉朝进献狮子的记载屡见不鲜。此画中的狮子王形象，正表明了西域文化对中原文化的深刻影响。

年代：东汉；产地：河南南阳；规格：147.6cm×36cm

狮子·蜥蜴·狐狸

这幅汉画刻画的是狮子、蜥蜴、狐狸。

中间为狮子，鬃鬣丰满，长尾如拂尘，熊腰虎步，引吭作狮子吼。左为蜥蜴，昂首爬行。右为长尾狐狸，机灵、敏感而不乏妖邪之气。中间点缀着云气草龙。

狮子多产于非洲、西亚。汉代张骞出使西域后，狮子作为贡品传入中原，养在上林苑供君臣后妃观赏。古代文献中狻猊或狻麑被认为就是狮子。《尔雅·释兽》载：

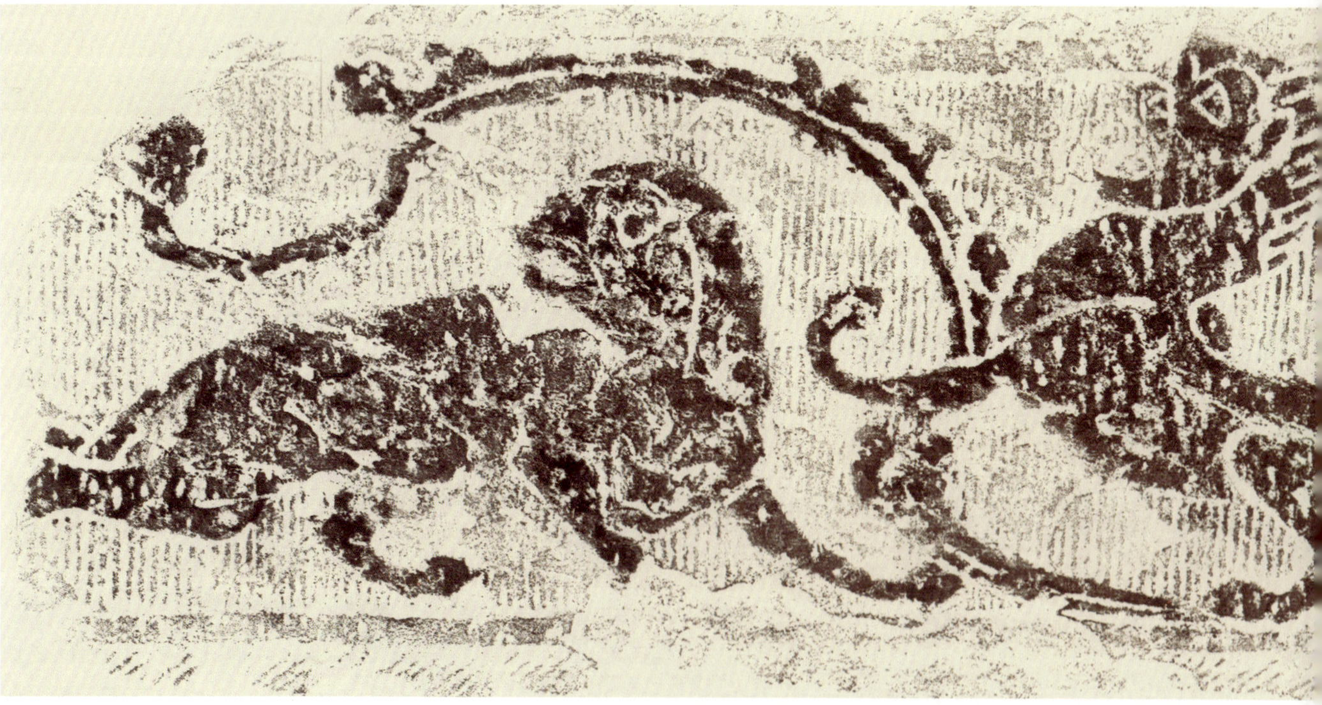

“狻麑如虦猫，食虎豹。”郭璞注：“即狮子也，出西域。”

南阳汉画中的狮子大多如此画中造型，虎豹之躯而有狮鬣，尾端粗大，豪气冲天。

据山东嘉祥武氏祠汉代石刻铭文，宫殿与墓前雄伟的天禄辟邪，汉代也称狮子。根据其形体造型特征，可知这种狮子综合了中国古代文献中梼杌、狻猊、桃拔、天禄、辟邪、麒麟、白虎等多种瑞兽特征，成就了伟岸而霸蛮的兽中之王形象。

蜥蜴形如壁虎，俗称四足蛇，有人叫它蛇舅母。

画中的狐狸尾巴奇长。狐狸的屁和大便奇臭难闻，所以民间有歇后语“狐狸放屁——臊气”之说。画中的狐狸向右奔逃回顾，云气从其尾部呈放射状逸出，似是放屁。狐狸见狮子以屁为武器，在滑稽幽默中显出几许无奈。

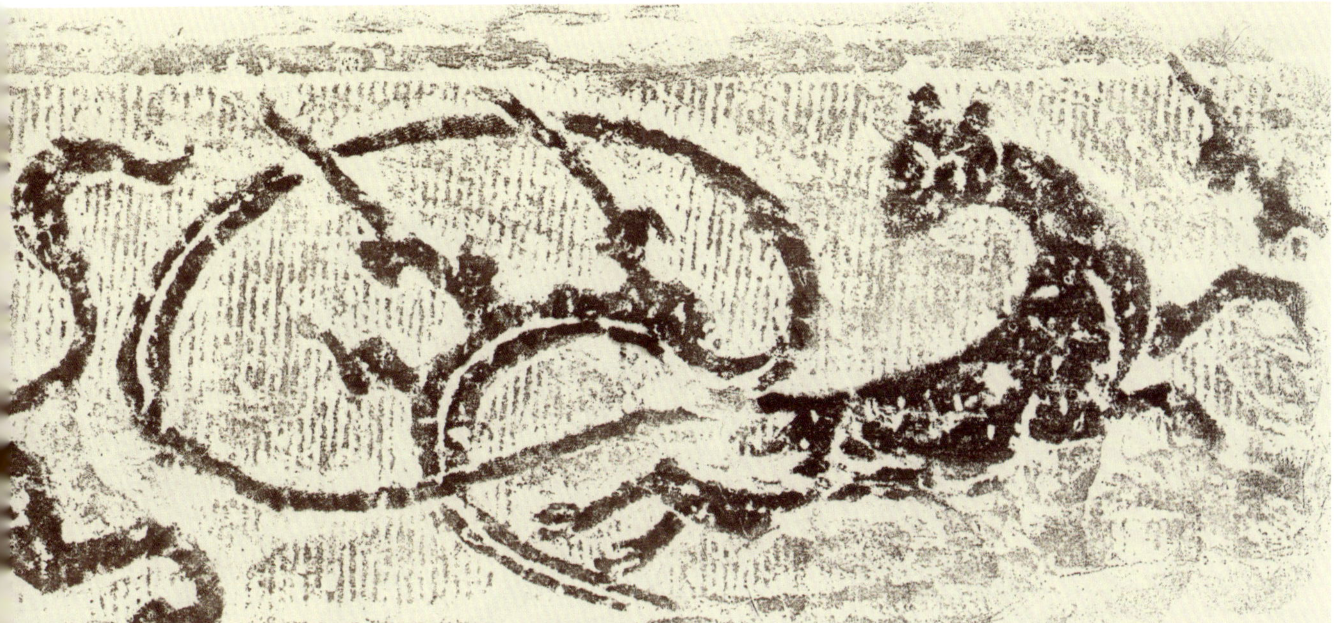

年代：东汉；产地：河南南阳；规格：135.4cm×33.9cm

不怕狮子的牛

可以把这幅汉画当作一篇寓言看——

神山昆仑是神牛和龙、虎、犀兕们的乐园，在那里它们没有忧愁，无所畏惧，每天都陶醉在角抵之戏中，宣泄力量，尽享欢乐。

有一天，昆仑山上来了一头狮子。牛从来没有见过这个不速之客，觉得它很不顺眼，就劝说狮子走开。狮子说："您让我走开我就得走开吗？"牛说："我有点牛脾气，您要是不听劝，我可要用牛角说话了。"牛瞪起铃铛似的眼睛，"哞"的一声扎一个抵架的姿势。狮子吓了一跳，纵蹄闪开，报以一声狮吼。

牛既然从来没见过狮子，当然也就没有听见过狮子吼。它从那声狮吼里，听出来狮子既没有愧意，也没有害怕的意思，而且大有来头。这让牛既愤怒，又不安，越发觉得，决不能让狮子染指昆仑的芳草地。

牛还从来没有怕过谁，当然也不怕狮子。

只听得“咯唧唧”来了一个大员，头戴铁皮红缨蚩尤盔，身穿鼋皮鹿斑神荼郁垒衫，脚蹬翠翎鸭羽王乔靴，“咯嘣嘣”咬牙如嚼石，“哗啦啦”说话如刮风。牛认得他，他姓陆名吾，是玄天九部和天帝苑囿的总管。陆吾一个箭步跃到牛前，掰着牛角，指着牛鼻子说……

汉画“不怕狮子的牛”刻画的正是陆吾开口前一刹那的情景。可惜的是，汉画刻得出画，却刻不出话。陆吾神当初对牛说了什么，连西风都不记得了。

后来，从别的南阳汉画像石上可以看到，牛一见到狮子，便魂不附体，涕泗交流。

后来我们看到，狮子在汉中张骞墓和南阳宗资墓前摇身一变，变成天禄辟邪，神挡灭神，鬼挡灭鬼，威风八面，不可一世。

许多年许多年后，狮子抱起绣球，憨态可掬，有时候跟猫在一起，实在标致极了。

年代：东汉；产地：河南南阳；规格：112.5cm×35cm

狐假虎威

这是一幅角抵戏图。画面分左中右三部分。

左边为狐假虎威图。一只狐狸坐在白虎身上，双手挽勒缰绳，一副小人得志的样子。缰绳的另一头勒着猛虎的颈项，老虎体格雄壮，却没有一丝反抗的迹象。它好像有点委屈，回头大张着虎口，好像在恳求狐狸不要勒得太紧。

狐假虎威的典故详见《战国策 · 楚策》。故事中，狐狸使用诡计，假借老虎的威力，不仅令百兽望风而逃，也使老虎对狐狸的百兽长地位深信不疑。在此汉画里，老虎更是沦落到狐狸坐骑的地位，同时像狗一样，脖子上被套上锁链。

画面中间三兽，中为狮子，右为豹，左为獒犬。狮子并不高大，也不凶猛，但跃向狮子的豹似乎并不是要格斗撕咬，倒是面有媚相。左边的獒犬尽管与狮子等高，但

垂头丧气，夹着尾巴俯首称臣。看得出它如果昂起头颅，要比狮子高出许多。

右边为豢龙氏驯龙图。最右戴面具、赤身裸体、捷如猿猱的应是师父豕韦，腾空扰龙的少年应是跟随师父学习御龙术的陶唐氏后裔刘累。龙的眼神有点哀伤。它回望这两个豢龙氏，好像担心他们随手抄起一截云气化为绳索，使它像狐狸胯下的白虎一样沦为走狗。

在这幅汉画里，啸山啸天的白虎堕为牲畜，任狐辈宵小呵斥驱遣。名字与忠诚、勇猛、视死如归写在一起的獒犬，摇尾乞怜，卑躬觳觫。神龙也像《西游记》里的东海龙王一样孱弱无能，可怜楚楚。

这幅汉画让我们看到了汉人在外来文化侵袭下内心的苦痛和深刻的自我批判。

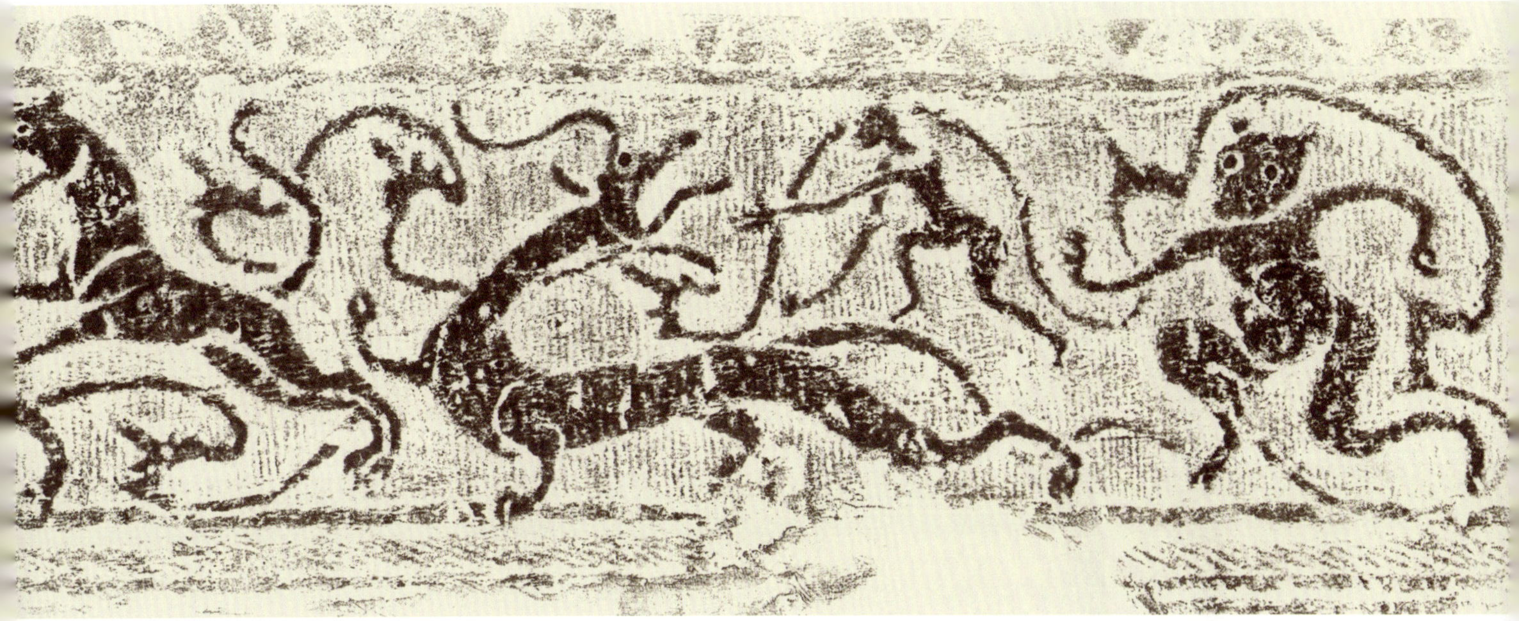

年代：东汉；产地：河南南阳；规格：170.5cm×34cm

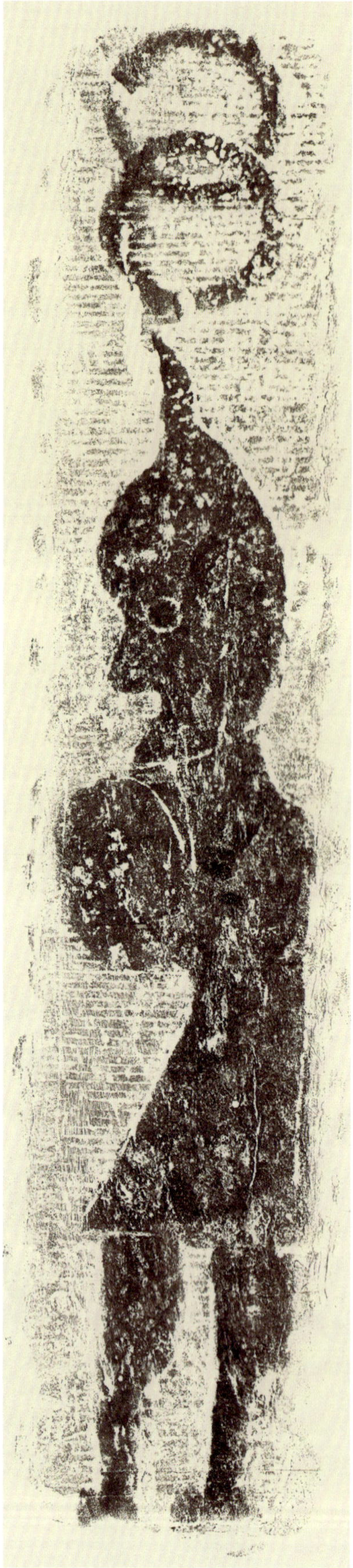

戴独角盔的胡人

画中人为胡人造型，头戴独角盔，深目、高鼻、阔口，衣着简疏，不似汉家形象。也许，他就是和张骞一起出使西域的堂邑父呢。

南阳为张骞封侯地。张骞出使西域，胡奴堂邑父作为向导和仆从，忠心耿耿，陪伴张骞历尽艰险，最后成功返回长安，厥功至伟。

堂邑父本是西域胡人，本名甘父。据史书记载，汉文帝十四年（前 166），堂邑父被汉军俘虏，作为奴隶被赏赐给汉文帝女婿堂邑侯陈午做家奴，故称堂邑父；因其是匈奴人，属胡人，又称胡父、胡奴甘父。

堂邑父箭术精良。公元前 138 年，随张骞出使西域，是张骞第一次出使西域的得力助手和向导，在西行路上的困难时期，凭射技射野兽以充饥。和张骞一起被匈奴人羁押，最后整个队伍数百人仅有他和张骞二人安全回国，为张骞出使西域立下殊勋。元朔三年（前 126）归国，汉武帝封他为奉使君。

堂邑在今南京市六合区一带。

年代：东汉；产地：河南南阳；规格：34cm×146.4cm

执金吾胡奴

此画中为执金吾胡人造型，戴帻，深目高鼻，露胫足。其上为小熊，其下为兔首长尾异兽。

张骞出使西域和封侯南阳，为南阳文化和中原文化打上不可磨灭的西域烙印。

在南阳出土的汉画像石中，有大量胡人形象，如“胡奴门”“胡人持节使者”“胡人阉牛”“胡人执钺门吏”“胡人驯象图”“胡人杂耍图”“胡汉战争图”等。

据《华阳国志》载：“（张骞）为武帝开西域五十三国……令帝无求不得……”西域物种开始大量输入中原，其中包括葡萄、苜蓿、石榴、狮子、大象、骆驼、犀牛等。

胡人还把杂耍与乐舞带入中原，汉画中的吐火、倒立、跳环等游艺活动，有学者认为均传自西域。

年代：东汉；产地：河南南阳；规格：26cm×161cm

胡人角抵

此图为角抵戏。画中一神兽，一凡畜，一仙人，一凡夫。

神兽为应龙，肩生翼。其右为牛。牛目眦欲裂，似蓄千钧之力欲抵人。中间腾空戏龙的为一羽人，飘虚而灵动，手持倒挂金钟样的灵草仙花。左边为一胡人，深目、高鼻、侈口，左手擎一号角，体态矫健滑稽，是丝路信息在南阳汉画上的又一见证。

角抵戏的起源一直可以追溯到上古时代。南北朝梁人任昉《述异记》载："秦汉间说，蚩尤氏耳鬓如剑戟，头有角，与轩辕斗，以角抵人，人不能向。今冀州有乐名'蚩尤戏'，其民两两三三，头戴牛角而相抵，汉造角抵戏，盖其遗制也。"

秦汉时期，角抵活动非常盛行，但已经不再是争斗相搏的手段，而是带有表演成分的游戏活动。古籍记载："秦并天下，罢讲武之礼，为角抵。"秦二世在甘泉宫"方

作觳抵（角抵）优俳之观”。

汉代的角抵戏规模盛况空前。《汉书 · 武帝纪》记汉武帝在上林苑做角抵戏，周围三百里的人都来观看，这不仅反映了朝野对角抵戏的爱好，也说明角抵戏是在政府支持下有组织、有计划的大型文体活动。

角抵戏还是朝廷招待宾客的主要表演项目。《汉书 · 西域传》记载，武帝时“设酒池肉林以飨四夷之客，作巴俞都卢、海中《砀极》、漫衍鱼龙、角抵之戏以观视之”。《后汉书 · 东夷列传》记载，东汉顺帝永和元年，夫余国“其王来朝京师，帝作黄门鼓吹、角抵戏以遣之”。

年代：东汉；产地：河南南阳；规格：134.9cm×33.5cm

执钺武士

此画为执钺武士图。

钺，本作戉，是一种形似大斧的兵器。起初用作刑具，用来斩首或腰斩；其后作为兵器，用于砍削劈杀；最后演化为仪仗礼器。钺是权力的象征。执钺者很早就已经是门神的职业装扮。

这幅汉画中的武士戴独角盔，面目衣饰为典型的胡人造型。

值得注意的是，武士双掌为五指散开式，而非握持形。其上挺的左臂正常情况下应遮蔽住面部上口鼻部分，但雕刻者采取了线刻与浮雕相结合的方法。体现在拓本上，既能清晰看到手臂造型，又能完整清晰看到面部特征，这种反透视法带来的通透效果，具有 20 世纪西方表现主义艺术的某些特征。吴冠中在自传《我负丹青》中论南阳汉画："其艺术的气概与魅力，已够令人惊心动魄了。那粗犷的手法，准确扼要的表现，把繁杂的生活场景与现实形态概括、升华成艺术形象，精微的细节被统一到大胆的几何形与强烈的节奏感中。其中许多关键的、基本的艺术法则与规律，正是西方后期印象派开始探求的瑰宝。"西方现代派艺术中表现主义、抽象主义、象征主义、立体主义等技法屡屡在南阳汉画中看到，这是世界艺术宝库中一道独特景观，意味深长。

画中上方有一只猫头鹰。猫头鹰又名鸱鸮、鸱枭。鸱鸮在殷商文化中占有很大比重，对殷人来讲是吉祥之鸟，可辟兵和克敌制胜。周人则把它当成凶鸟，在周人的文化传统中赋予它凶险的寓意。这些传统一直延续到汉代。东汉许慎《说文解字》："鸮，不孝鸟也。"在这里，鸱鸮成为凶鸟。但鸮、枭与孝谐音，在另外的环境和文献里，鸱鸮、鸱枭又被视为孝鸟。

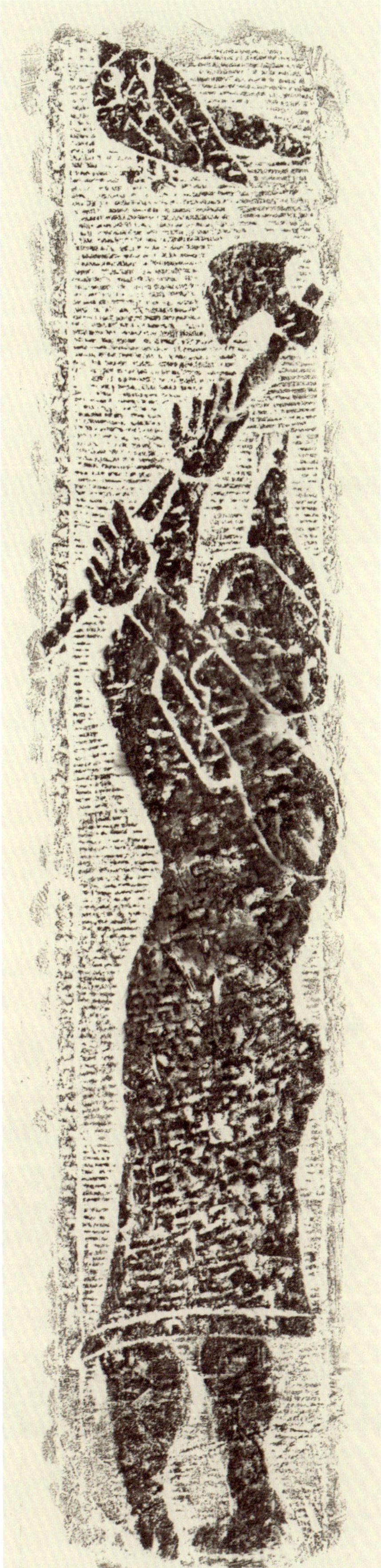

年代：东汉；产地：河南南阳；规格：41cm×169cm

单于观乐

这幅舞乐百戏图，反映的可能是呼韩邪单于在长安观看乐舞百戏的情景。

画面右边三人表演的是百戏。百戏是古代民间表演艺术的泛称，盛行于汉代，包括扛鼎、寻橦、吞刀、吐火、冲狭、弄丸、走索、鱼龙曼衍等各种杂技幻术，是汉以后重要的宫廷游戏。

画面自右向左，分别表演的是蹴鞠、樽上倒立托盘和拖长舌游戏。

正中三人左手横放于腹部，右手放在右耳部位，似是在演唱“花儿”。

右起第七人在鼓瑟。瑟形体较大，有数十弦，演奏者往往要用瑟体顶住腹部。

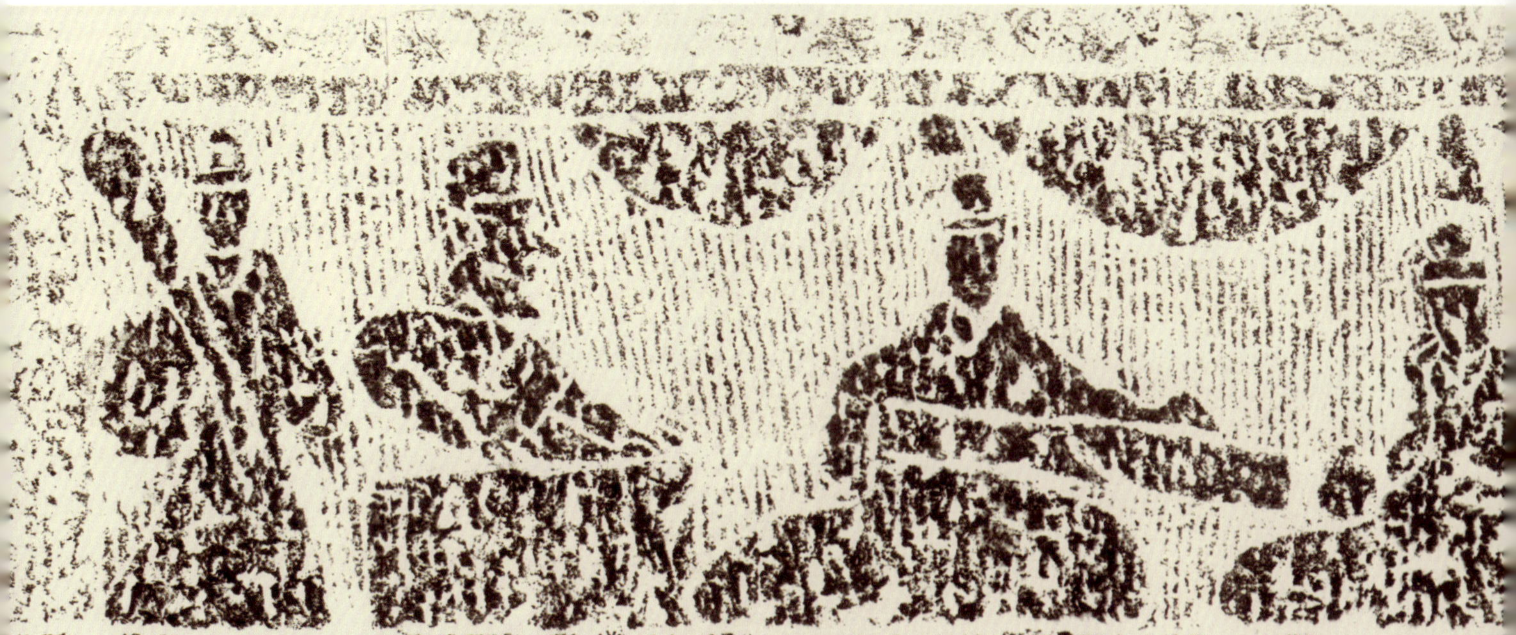

左边第二人为观赏乐舞百戏者，其人高鼻深目而着汉家衣冠。最左为执金吾侍卫，金吾硕大，与众不同。此处的胡人，穿戴着汉式服装冠冕，在汉廷侍卫卫护下，陶醉在观赏美妙的汉家传统歌舞和具有浓郁边塞风格的乐舞百戏表演中。他，很可能就是呼韩邪单于，这幅汉画表现他在长安接受汉宣帝款待，向慕中原文化、观赏汉朝宫廷乐舞百戏的情景。

呼韩邪单于是第一个到中原来朝见的匈奴单于，因迎娶王昭君而广为人知。张骞出使西域，王昭君和亲匈奴，带来汉朝与匈奴和西域的友好往来，扩大了汉朝版图。

年代：东汉；产地：河南南阳；规格：154.9cm×33.7cm

汉时“花儿”

这是一幅舞乐百戏图。左边三人，分别表演长袖舞、柔术倒立、幻术或巫术抠目曳舌。右边三人在歌唱。

有意思的是，画中的三位歌手皆盘膝而坐，挺胸收腹，掌心向下，右手平搁丹田位置。他们的左手无一例外都放在左耳旁。这与今天西部地区的民歌“花儿”在歌唱时歌者把一只手放在耳旁如出一辙。

“花儿”是广泛流行于我国青海、甘肃、宁夏一带的民歌，在青海又称“少年”。

在《楚辞》《韩非子》乃至《山海经》里，都有关于类似“花儿”唱姿的记述。

年代：东汉；产地：河南南阳；规格：133.8cm×45cm

凿空西域·解忧和亲

这幅汉画分左右两部分，左边是乐舞百戏，右边是车马出行。

右边的车马出行图颇富戏剧性，很像是张骞出使西域的情形。

居于主导地位的是三驾锦车。汉代使者所乘的车叫锦车，也叫锦衣车，使节也称锦车使。

锦车前面三个戴尖帽的骑者是胡人，他们应是迎接、引导汉使的西域使团。

锦车后面有三组骑兵在战斗。前面一组三人三马，护卫着锦车且战且行。其中一人拍马向前，二人回身弯弓射箭退敌。中间一组三人纵马追击，一人持长枪，二人持短刀。最后一组，二人持长枪拍马向前。

再看左边的舞乐百戏。

最左边是建鼓舞。向右依次为播鼗吹箫、吹埙、播鼗吹箫、击钲。钲是青铜制作的打击乐器，形似倒置的铜钟，有长柄，多用于行军。钲与建鼓的出现，一方面代表

这场演出规格甚高，另一方面说明有军乐因素。

接下来是七盘舞，用舞者右脚踏盘代表七盘。七盘舞又称盘舞、盘鼓舞，是将盘、鼓覆于地，舞者在盘、鼓上或蹑步或跽跪或腾跃，既显示舞者的轻灵，又奏出优美的鼓点节律。

再右是方相士，熊面人身，袒露上体，脚踏盘鼓，伸臂弄锚叉。再右是女子倒立。汉代艺术家有意忽略了女伎的颈肩，使其造型简洁空灵。

接下来是这幅汉画的主人公，一个头戴花胜、陶醉于眼前精彩演出的女子。看得出整场演出就是为她而设。女子右边有一女侍，所持之物很像是使者所秉持的节。

这样的场面让人联想到解忧公主和亲乌孙。

《汉书》记载，汉武帝时，第三代楚王刘戊的孙女刘解忧奉命出嫁到西域的乌孙国。她一生经历汉武帝、汉昭帝、汉宣帝三朝，曾嫁三任乌孙王，在乌孙生活了半个世纪，为巩固汉室与乌孙的关系做出了贡献。年逾七十之时，解忧公主上书给汉朝皇帝陈述思乡之苦，汉宣帝怜悯她的境遇，亲自出城迎其归来。

伴随解忧公主的冯嫽是和亲的使者，她也是我国历史上第一个女外交使节。

这幅汉画分别截取张骞和解忧公主的人生瞬间，生动再现了汉朝的战争与和平场景。

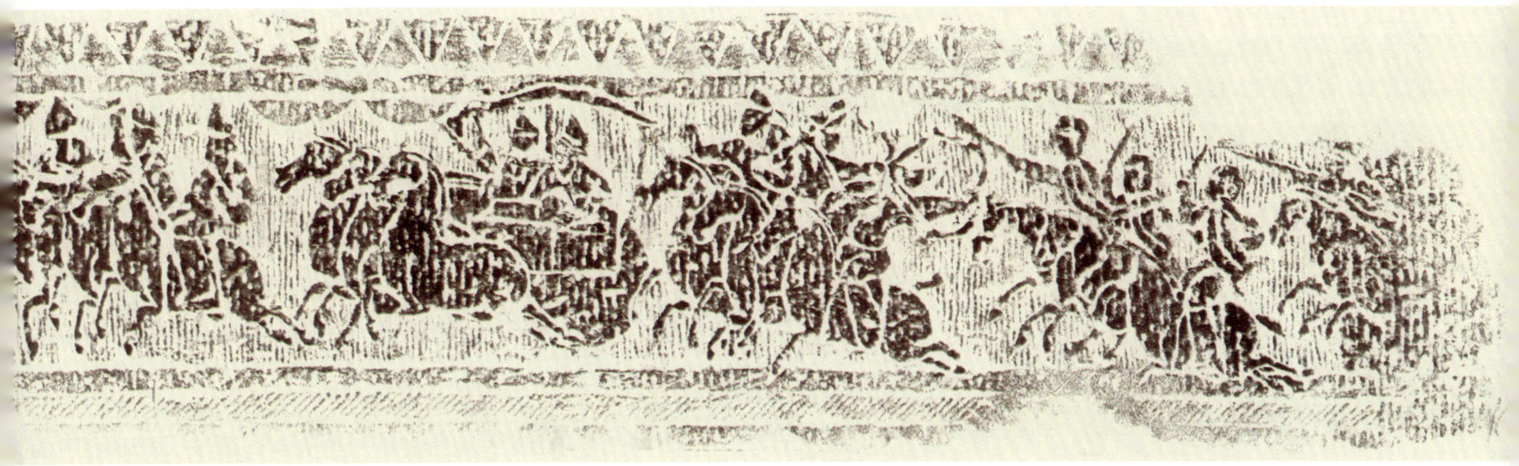

年代：东汉；产地：河南南阳；规格：258.5cm×35cm

凿空西域·解忧和亲（局部）

季札观乐

这幅汉画反映的应是吴季札在中原观乐的情形。

最左为女伎鼓瑟。瑟的弦多，体积庞大。左二一女伎在吹排箫。左三一人似在抚琴。右为季札，佩宝剑，手舞足蹈，嗟叹连连。

季札，春秋时吴王寿梦幼子，有贤名。他是与孔子同时的政治家、教育家、艺术鉴赏家。季札最有名的事迹是让国归隐、墓树挂剑和鲁国观乐。

季札是一位出色的艺术评论家。公元前 544 年，季札奉吴王命通好北方诸侯，在鲁国接触到周代的经典音乐、诗歌、舞蹈，在愉悦感喟之余，一一作出精辟的分析评价。其敏锐的感受力和卓绝见识，深得礼乐要义。

比如听《唐风》，他听出了陶唐氏遗响；听《大雅》，他听到了文王之德；观《象箾》舞蹈，他感叹这是最令人叹为观止的至德乐章，就如同苍天无不覆盖，大地无不承载。

画面中的乐伎或细腰如丝，或丰神冶逸，皆专注于弄弦鼓吹，令人如闻悠扬动听的华章。季札袒胸露腹，容仪稚拙，舞之蹈之，既显示作为南蛮之国使节的鄙陋，也表现出他内心颖慧善于学习，懂得欣赏。他身上的佩剑，似乎在为他人生中另一个精彩故事“季札挂剑”张本。

年代：东汉；产地：河南南阳；规格：149cm×45cm

曾参挨打

曾参是春秋末年鲁国南武城人，名参，字子舆，孔子晚期弟子，与其父曾皙同师孔子，是儒家学派的重要代表人物。他主张以孝恕忠信为核心的儒家思想，注重内省、慎独和以孝为本，被后世尊奉为“宗圣”，是配享孔庙的四配之一，并被敬称为“曾子”。

曾参的父亲曾皙是个非常有情趣的人。在《论语·先进》里，曾皙畅谈自己的志向说：“莫春者，春服既成，冠者五六人，童子六七人，浴乎沂，风乎舞雩，咏而归。”孔子深有同感，让我们看到了孔子及其门徒诗意的一面。

《孔子家语》记载了曾参挨父亲棒打的故事。曾参年少时种瓜，不小心锄断瓜根。父亲大怒，操起一根大棍揍他，打得曾参不省人事。曾参醒来后，赶紧问候父亲，后又弹琴唱歌，表明自己身体没事。

这幅汉画上有三个人物，刻画的当是曾皙棒打曾参，曾参的母亲护佑儿子的情形。

年代：东汉；产地：河南南阳；规格：105cm×61cm

右边戴帻者为曾皙，他左手持长棒，右掌对着曾参，好像刚刚暴揍过儿子，余怒未消。中间的童子是曾参，他手舞足蹈，好像在告诉父亲自己不要紧。面向曾参屈膝跪地、护佑曾参的女子应是曾参之母、曾皙之妻，她正在向曾皙求情，并用自己的身体遮挡呵护着儿子。

讲经图

这是一幅儒师讲经图。

画面由三部分组成。中间偏左为儒师正襟危坐、抚几授经。右边四人，坐于凳上捧版诵经。最左儒师头上，为两份束脩或羔雁。

束脩为生徒敬献业师的酬劳。脩指腊肉，一束脩指十条干肉。《论语·述而》："子曰：'自行束脩以上，吾未尝无诲焉。'"羔雁指小羊和雁，古时用为卿、大夫的贽礼，也用作征召、婚聘、晋谒的礼物。和束脩相比，羔雁较为昂贵。

读经的生徒，手中捧持的木版宽宽大大，应是教材或读书笔记之类。老师把教学

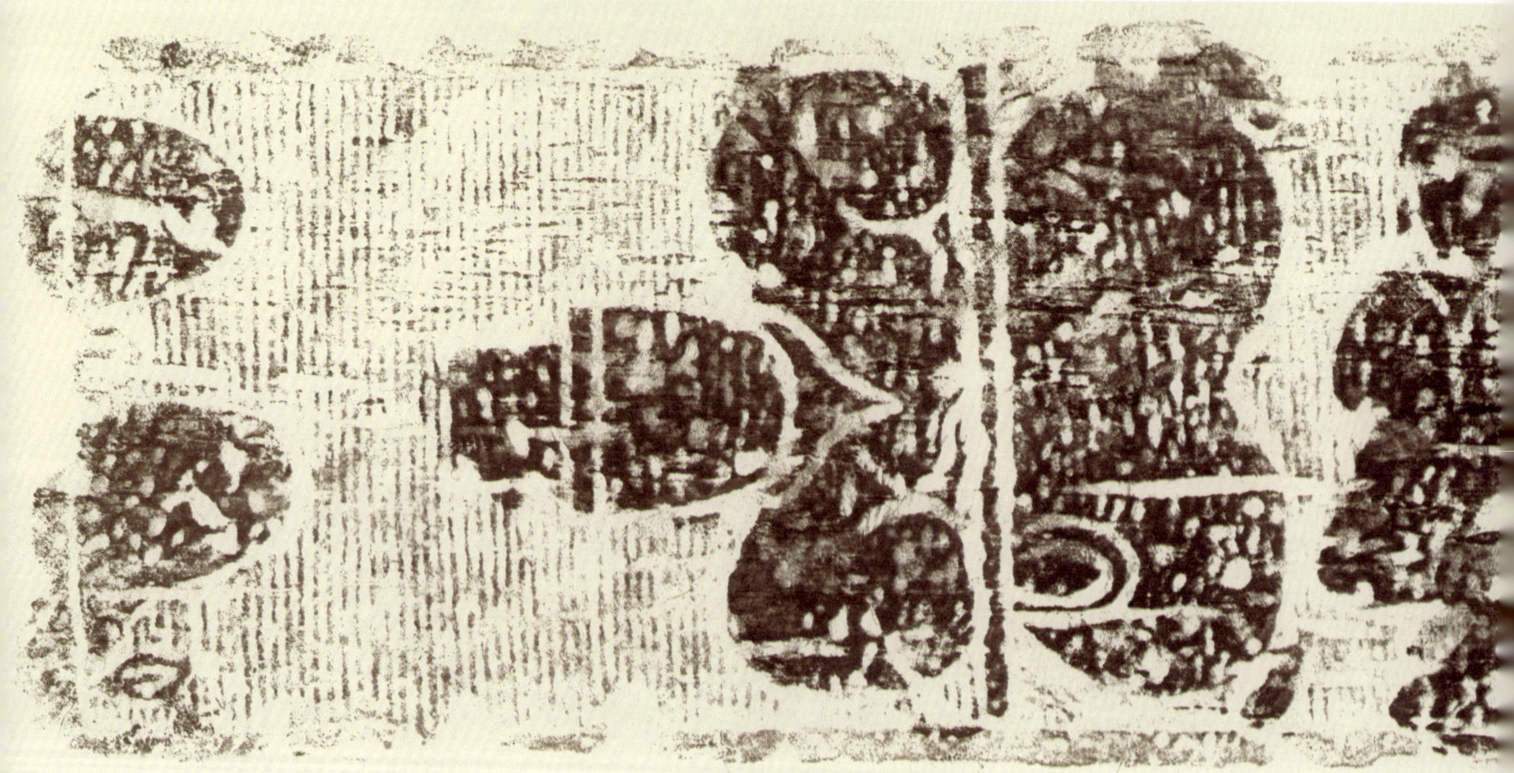

内容讲解一过，学生要反复读诵。

值得注意的是，儒师与束脩在画面上呈竖式，儒师造型远大于生徒；而四名读经学子呈横式。这表明汉代设计此汉画的艺术家处理画面时十分灵活，并不拘泥于石材视觉效果。

四名生徒明显是坐在凳上，但却看不见凳子，具有表现主义特点。曾有人否认汉代有凳子存在，其实凳子在汉画像石上屡见不鲜。此画中的四名生徒，据其坐姿，皆为坐于凳上无疑。

年代：东汉；产地：河南南阳；规格：136.3cm×34.4cm

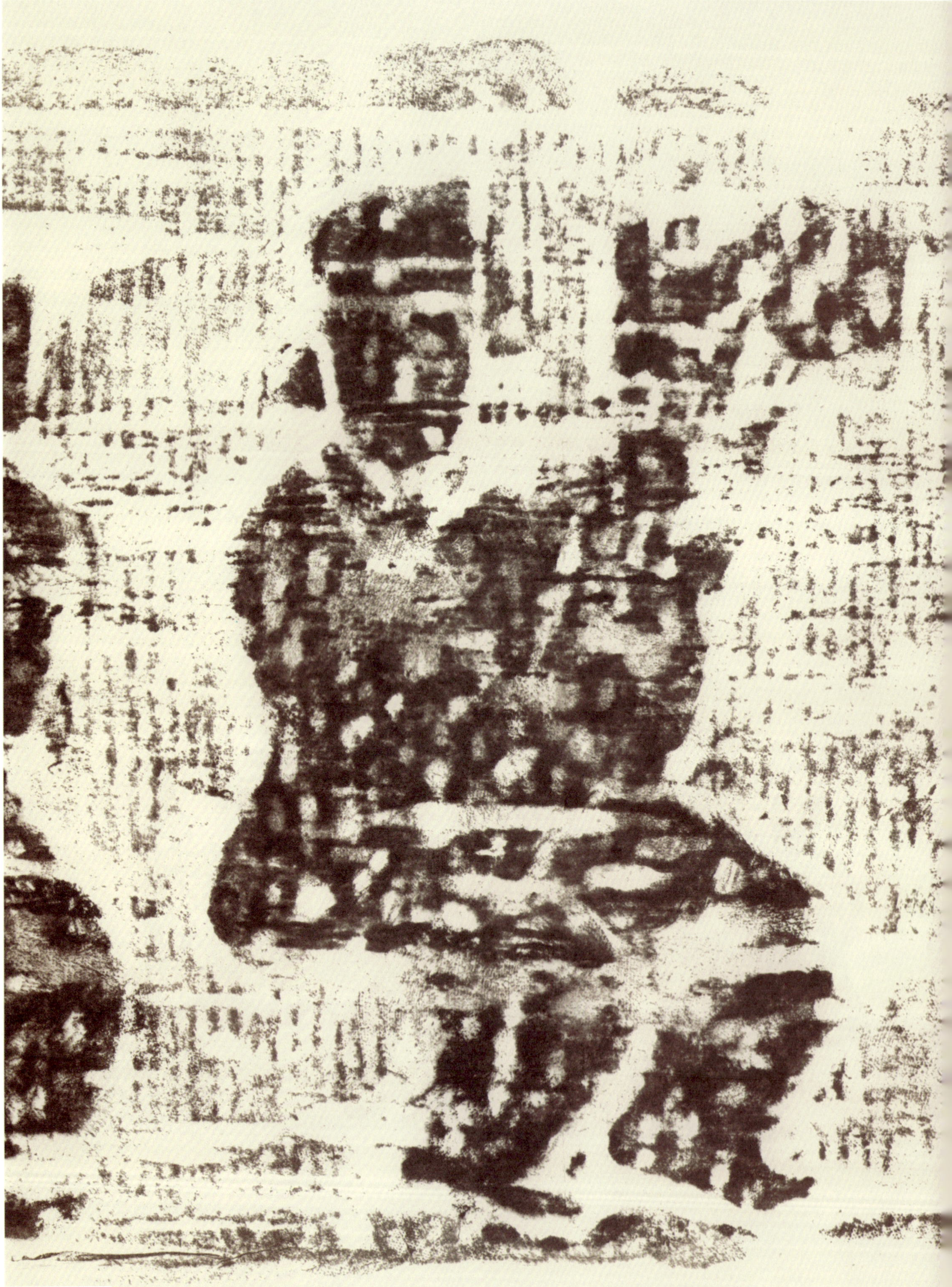

讲经图（局部）

贰

山东汉画

（一）武氏祠汉画

东王公

这幅汉画分三层，自上至下分别表现神话题材东王公、历史故事“孔门弟子诵经图”和现实生活题材车马出行。

第三层车马出行图中飞翔着三只燕子。其中一只，燕尾如小儿筒裤的两个裤管。在上层的昆仑仙境里，有五个长着这样无足两腿的羽人。这是飞廉，是开路的神鸟。

第二层的诵经图里共有十七人。其中七人手捧简册诵读。诵读的方式很不同。一

人跪诵；一人站立把经册高高举过头顶仰诵；二人捧册毕恭毕敬诵读；三人捧着经册回过头来，好像在回答身后同学的问题。其余十一人，或与诵经者相谈交流，或指指点点，或交头接耳，既显得成竹在胸，又颇似“疑义相与析”。这既是春秋时孔子课徒的情景再现，也不啻为汉代大儒传经布道的录影。

这里重点介绍一下第一层的内容。第一层正中是创世神东王公。他戴着三梁冠，肩生肉翅。他面目圆润姣好，显示东王公形象脱胎于西王母。

东王公左右的羽人飞仙和神禽异兽，可以视为他与西王母的造物。其中有飞蟾两只，马头鸟翼人身的“马人”一个，鸡头的“鸡人”一个，羽人九个，双蛇足羽人四个，人面鸟身神一个，鸟首云身的云雀四只，云身鸟翼人面神一个，双头人面兽两个，鸟三只。

最左面，一云神和一只云雀似在抵足而眠，其中寓意着生殖活动。马人和鸡人执谒跪拜，象征东王公创立文明制度。左侧一羽人在向王公敬献冰糖葫芦样的物品，可能是《山海经》里说的琅玕树结的琅玕和《尚书》里说的球琳琅玕或璆琳琅玕。它也是甲骨文“糸”字的象形，少一个球果成甲骨文“玄”字，多一个球果成甲骨文“索”字。这可能象征东王公开启“众妙之门”或发明文字。右边羽人擎举的玉杯是用来盛甘露的。

画中右侧两尊双头人面兽，兽蹄连着基座，腰身柔韧而雄健，活似汉代的天禄辟邪。

年代：东汉；产地：山东嘉祥；规格：197cm×86.5cm

东王公（局部）

天母·天公·战蚩尤·五力士

这幅汉画自上至下共分四层：第一层为天母出行；第二层为天公出行；第三层为战蚩尤；第四层为五力士。

第一层刻画天母乘龙驾云辇在天庭出行的情景。左为三龙驱驾的云辇，云辇以云为轮，以云作盖，天母戴胜端坐其上。车御戴兔耳帻，奋力驱驾。御辇前有三个戴长筒软帻的飞廉乘龙前驱，中间夹杂一备御之龙。龙阵后腾起壮观的云氛。在御辇三龙上方，腾一羽人双腿若蛇。云辇后边，两羽人分推华盖与云轮，似在助力。画面最右首，两戴平头帻者执笏跪拜。跪拜者上有一云龙，后有一人执笏肃立。天母的安详雍容与凡人的觳觫震恐形成鲜明对照。

第二层与上一层天母云辇位置大致对应偏右处，是天公及其云辇。天公辇上竖雷鼓，鼓上有羽葆。天公扬枹擂鼓。天公辇车前，上下各有三童子戴长筒帻、踏云朵曳电索，如同纤夫。童子前为风神冯夷，长发女身。再向右是一弓形霓虹，霓虹两端为龙头。龙头拄地，虹体成门形。虹有双足，尾盘于上。虹上雨师若女子，戴簪俯卧，捧缶倒倾，象征地上将降落倾盆大雨。虹外左右各有一天兵，正挥动斧凿，劈凿虹龙，寓意霓虹是雨水的渊薮。右边雨师身后，一羽人云端举盆，象征输送雨水。霓虹之下，一人披头散发，五体投地，一人双手分执椎、錾，奋力凿劈。这表明天降暴雨，是因为人间有人犯下了不可饶恕的罪恶。

第三层，战蚩尤。蚩尤是传说中的古代九黎族首领，以金作兵器，与黄帝战于涿鹿。因为最终败于黄帝，几千年来在被推崇和神化的同时，也不断被异化和妖魔化。画面中右边的神人就是蚩尤。他头顶弓弩，发间盘蛇，脚操弩矢，手持剑戟，熊尾兽面，在战阵中如入无人之境。

第四层，五力士。五力士一人拽牛尾，一人单臂抓野猪，一人倒拔树，一人扛虎，一人负熊，扛虎与负熊者同时抬一只兽。

年代：东汉；产地：山东嘉祥；规格：148.5cm×106.5cm

北斗星君

这幅汉画自上至下同样分四层：第一层为天母出行，第二层为天公出行，第三层为风伯与云中君，第四层为北斗星君图。

第三层主体画面为上下两层相贯通的云气纹。细看这些云团，或如龙首，或如人面。最右为风伯，戴帻，阔口，显示前面的云团都是他鼓吹出来的。

北斗星君，是掌管北斗七星之神。北斗指天枢、天璇、天玑、天权、玉衡、开阳、摇光七星。古人把这七星比作古代舀酒的斗，因其位于天极北方，所以又称北斗。

北斗七星在中国古代文化中地位极其重要。人们利用它们辨别方向。从天璇通过天枢向外延伸一条直线，大约延长五倍多，可见一颗和北斗七星差不多亮的星星，这就是北极星。古人据此很容易辨别出方向。

北斗还与四时有关。古人很早就注意到，北斗星在不同的季节和夜晚不同的时间，出现于天空不同的方位，于是根据初昏时斗柄所指的方向来决定季节：指东，天下皆春；指南，天下皆夏；指西，天下皆秋；指北，天下皆冬。

在道教观念中，北斗七星为解厄纾困的幸福之神，且每颗星都有不同功能。至今在中原一些地区修建墓穴时，还要在墓室用朱砂点北斗七星。

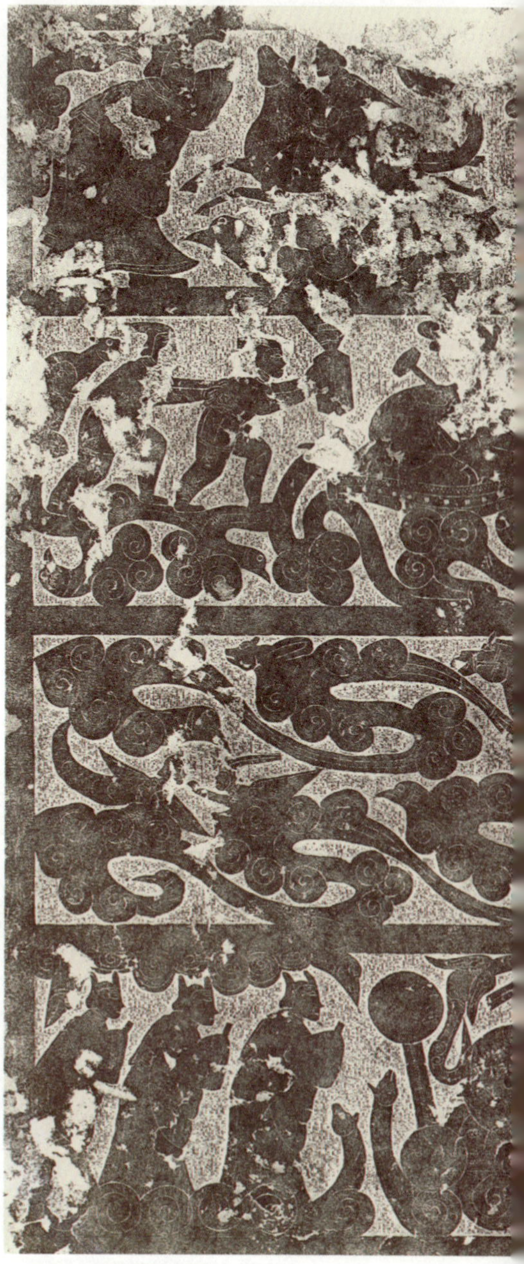

这里重点介绍一下北斗星君。在这幅汉画的第四层，北斗星斗勺部分有一龙头云车，上面坐的就是北斗星君。他如同灶王爷上天。右边的车马，是他上天前的座驾；星斗下的四人，代表尘寰在向他道别。龙车左边，三个天庭的兔耳使者踩着龙头云朵前来迎接他。

北斗星中的摇光星，被认为是给人类带来粮食和万物的星辰，这可能是灶王爷与北斗星君二位一体的原因。从画面上人们对北斗星君的膜拜，似乎可以听到他们的千叮咛万嘱咐："上天言好事，下界保平安。"

年代：东汉；产地：山东嘉祥；规格：156cm×99.5cm

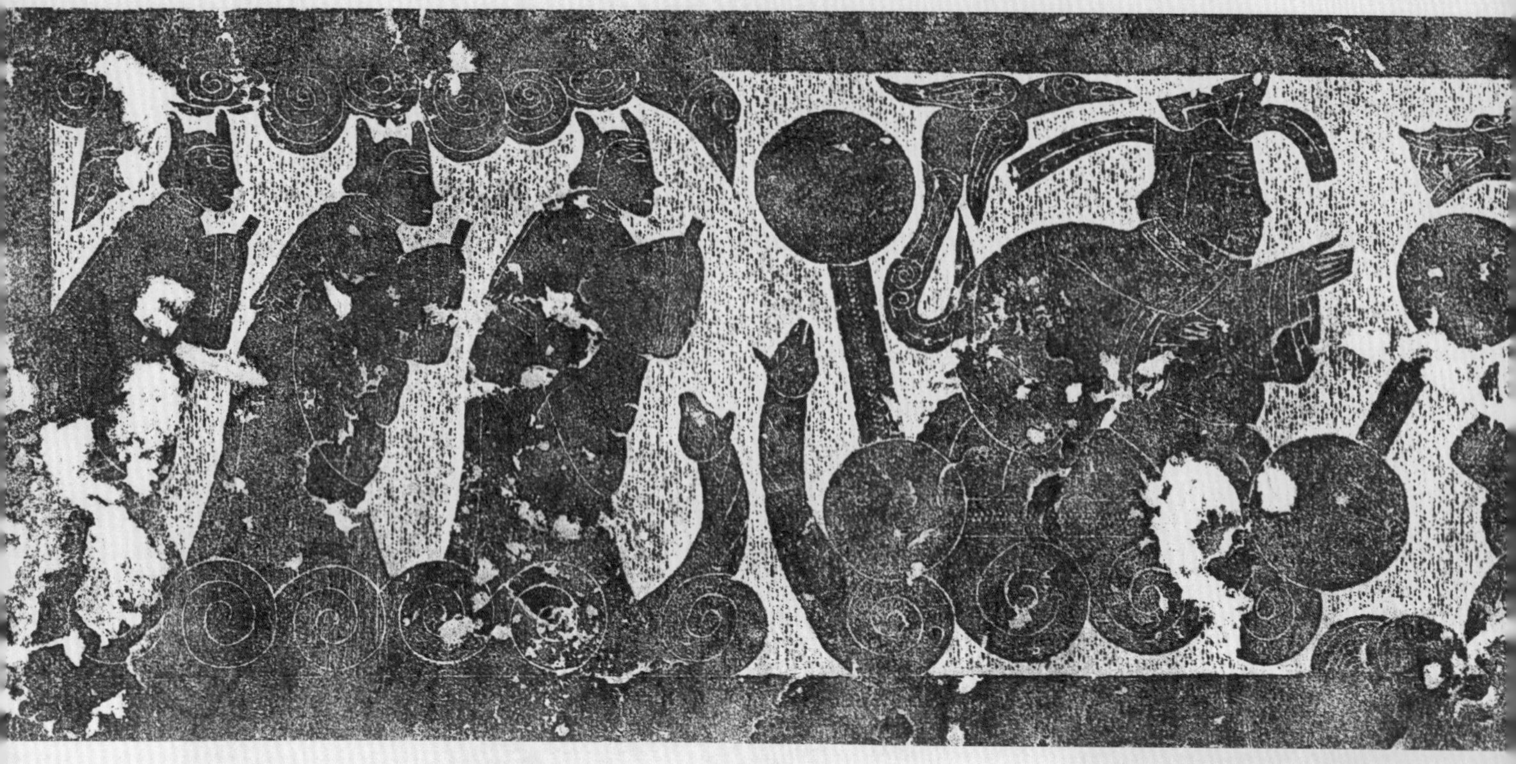

北斗星君（局部）

义乌感孝 · 要离刺庆忌 · 钟离春说齐王 · 武梁自况

这幅汉画一共分五层。

第一层是东王公。

第二层自右至左，是四个烈女故事：陵母伏剑、梁节姑姊、齐义继母和京师节女。

第三层自右至左，是六个义烈故事，分别是三州孝人、义浆羊公、魏汤报仇、义乌感孝、赵狗哺父和孝孙原谷。

第四层是三个刺客英雄和一个贤女的合传，自右至左，分别是要离刺庆忌、豫让刺赵襄子、聂政刺韩王和钟离春说齐王。

第五层右半是庖厨图，左半是官吏访贤图。

这幅汉画上的内容非常丰富。这里重点介绍四个故事。

义乌感孝

故事见于日本京都大学图书馆藏《孝子传》。说的是西汉末年东阳县有个叫颜乌的孝子，父死后筑墓葬父，感动乌鸟数千，衔土衔石帮颜乌筑坟，颜乌父亲的坟墓很快修筑好了。

画中一棵大树，树上一只乌鸟，其旁榜题“孝乌”。

要离刺庆忌

这是春秋时刺客要离奉吴王阖闾之命，以苦肉计获得庆忌信任，将其刺杀的历史故事。

庆忌是吴王僚的儿子，他出身将门，自幼习武，力量过人，勇猛无敌。为帮助吴王阖闾夺得王位，伍子胥安排刺客专诸刺杀了吴王僚。当时公子庆忌正在外带兵，听到噩耗，整顿兵马，准备杀回国为父报仇。

伍子胥又安排刺客要离刺杀庆忌。要离以捕鱼为生，身材瘦小却足智多谋。要离用苦肉计，先使阖闾砍掉自己的右手，后杀死自己的妻子。

庆忌同情要离的不幸遭遇，对他深信不疑，委以重任。数月后，庆忌和要离乘一舟，要离寻机刺杀庆忌。

庆忌死前明白了要离的真正目的，感叹天下居然有要离这样的勇士。庆忌身边的卫士冲上来要杀要离，庆忌制止说："这个人是天下少有的勇士。我们怎么可以在一天之内杀死天下两个勇士呢！"庆忌临死前命人将要离放回吴国。要离回国后，吴王阖闾要大加封赏，要离坚辞不受，说："我杀庆忌，是为了吴国安宁和百姓能安居乐业。"说完拔剑自刎。

要离刺庆忌的故事显示了刺客英雄故事的复杂性。画中舟上戴高冠者为庆忌，其上榜题"王庆忌"。左右执戟者为庆忌卫士，舟下江中为要离。画面截取的是要离刺杀成功，庆忌尚未气绝前，抓住要离的头溺于水中，在船帮上摔打的情形。

钟离春说齐王

战国时齐宣王日日歌舞，夜夜欢声。丑女钟离春自请见齐宣王，陈述齐国的四个危难，为齐宣王采纳。齐宣王立她为王后，根据她的意见，拆渐台、罢女乐、退谄谀、进直言、选兵马、实府库，齐国大治，成为六国之佼佼者。

画中戴高冠者是齐宣王，其前榜题"宣王"。戴花冠者为钟离春，其后榜题"无盐丑女钟离春"。这幅汉画刻画的是钟离春不卑不亢谏言宣王，宣王从谏如流、待无盐女如宾的情形。

武梁自况

第五层右半部为庖厨图。与一般庖厨的自然主义写实风格不同，画面中出现了督厨的一男一女。其中男督厨者指手画脚，颐指气使。桔槔上悬挂一只宰杀过的狗，屠夫正在剥狗皮。右下硕大的灶上有巨甑，为蒸馏之厨具。灶上向右上伸出的筒实为灶突，也就是烟囱。督厨和巨大的釜甑表明，此间的庖厨断非寻常人家日常饮食之事的简单描摹。

左半是官吏访贤图。画中右边一牛拉车，车前损泐，牛上榜题"处士"，可知牛后车前坐有一人，当为乡野高士。左边一官员下马车跪拜高士，其上榜题"县功曹"。画面是东汉时重视逸老、礼贤下士的社会风尚的写照。

这幅汉画出自武梁祠。据南宋洪适著录的武梁碑碑文，武梁是一位致力于传道授业的君子。著名汉画研究学者巫鸿认为这方画像石是武梁祠最后一块画像石，画中的"处士"，是武梁自况，画面是"州郡请召"，武梁"辞疾不就"的写照。

年代：东汉；产地：山东嘉祥；规格：137.5cm×154cm

义乌感孝・要离刺庆忌・钟离春说齐王・武梁自况（局部）

先王本纪

这幅汉画从上到下共五层。第一层为西王母。画中的云纹，表示西王母端坐在云天之上的昆仑神山。根据她头顶的花冠和原石在武梁祠西壁综合判断，画中的神祇是西王母而非东王公。同理，确定东王公的身份，也是凭借他头顶的三山冠和原石在武梁祠东壁得出结论。抛开头饰和原石所处位置，几乎无法分清东王公和西王母。

第三、四、五层分别是孝子故事、侠义故事和车马出行。

下面重点介绍第二层的内容。第二层共十格，是伏羲女娲和三皇五帝及夏桀画像。

右边第一格为伏羲女娲执规矩交尾图。女娲伏羲人面蛇身，蛇体上布满鳞纹。中间有一小人，拉扯着伏羲女娲的衣襟。小人双腿无足如蛇尾，明显是伏羲女娲仿照自己造出的孩子。

其余九格，自右向左分别是祝融、神农、黄帝、颛顼、帝喾、尧、舜、禹、桀。每格左边有榜题。

伏羲女娲十六字榜题："伏羲仓精，初造王业。画卦结绳，以理海内。"

祝融十五字榜题："祝诵氏无所造为，未有耆欲，刑罚未施。"

神农十五字榜题："神农氏因宜教田，辟土种谷，以振（赈）万民。"

黄帝十六字榜题："黄帝多所做作。造兵治田，垂衣裳，立宫宅。"

颛顼十五字榜题："帝颛顼高阳者，黄帝之孙，而昌意之子。"

帝喾十一字榜题："帝佶高辛者，黄帝之曾孙也。"

帝尧二十字榜题："帝尧放勋，其仁如天，其知如神，就之如日，望之如云。"

帝舜十三字榜题："帝舜名重华，耕于历山，外养三年。"

帝禹十八字榜题："夏禹长于地理，脉泉知阴，随时设防，退为肉刑。"刑字为形的通假，"退为肉刑"是说大禹治水茹苦含辛，"三过家门而不入"，腿毛褪掉，露出肉形。

本层左侧最后一人戴通天冠，荷戟，胯下骑二女子，榜题"夏桀"。这是此画中唯一一个反面形象。通天冠区别于前面先贤的平冠和劳动者形象，强调了夏桀的权力；干戈强调桀穷兵黩武；女子造型强调他的荒淫无耻。根据《竹书纪年》，两个女子分别名为琬、琰。

通过这一层所刻画的十一个形象可知，汉画的创作者把伏羲、女娲看成开辟人伦的始祖，属于神；三皇为祝融、神农、黄帝；五帝为颛顼、帝喾、尧、舜、禹；夏桀为帝王中的败类。

汉代在皇宫大殿前西阁设画室，雕画尧、舜、禹、汤、桀、纣等古帝王像，供近

先王本纪（局部）

臣入朝短暂休息时观摩。武梁祠这幅汉画的粉本（底稿）很可能来自宫廷。榜题中包含着源自《山海经》《尚书》《左传》《竹书纪年》《史记》《韩非子》等多种古籍的文献信息，说明画像的设计者和创作者绝非普通的民间工匠。

鲁迅收藏的这幅汉画，原石已有多处损泐，字迹也有漫漶不清或缺失的。本书综合洪适《隶释》、翁方纲《两汉金石记》和冯云鹏、冯云鹓《金石索》及高文《汉碑集释》，将榜题文字补齐。

年代：东汉；产地：山东嘉祥；规格：139.5cm×157cm

梁高行·伯榆孝亲·李善保幼主·穆天子拜会西王母

这幅汉画是武梁祠后壁画像。画面从上到下分四层。

第一层为四个节妇故事。自右至左，分别为梁高行、秋胡戏妻、鲁国姑母救侄舍儿和贞姜待符。

第二层是六个亲孝故事，自右至左，分别是伯榆孝亲、邢渠哺父、董永卖身葬父、章孝母与朱明爱弟、李善保幼主和金日磾泣拜母像。

第三层是三个故事，分别是蔺相如完璧归赵、范雎戏魏收和穆天子拜会西王母。

下面重点介绍梁高行、伯榆孝亲、李善保幼主和穆天子拜会西王母四个故事。

梁高行

春秋时梁国有个年轻的漂亮寡妇，德行也美。梁国的达官显贵倾慕她的美貌，争相追求，但一个个懊丧而回。梁王也派使者带着黄金、王冠向寡妇聘求。寡妇严厉斥责梁王好色，并向使节讲女子“节礼”，最后以刀割鼻，自毁面容，以断是非之人的非分之想。梁王美其高贵气节，赐名梁高行。

画中左边下车持旌节者为梁王使节，榜题“使者”。其右一人跪地，榜题“奉金者”，为求婚的富贵子弟。接下来是梁高行，戴花冠，右手持镜，左手持刀，正要对镜割鼻，榜题“梁高行”。最右一男子持便面照拂梁高行，为献殷勤的纨绔子弟。

伯榆孝亲

西汉时有个韩伯榆，父母在他年少时对他严加管教。一次母亲杖打伯榆，伯榆悲哭。原因是过去挨打时很疼，这次感觉不到疼，伯榆感到母亲年老力衰，因此生悲。

画中左边持杖站立的老妪为韩伯榆母亲，榜题“榆母”。右边跪地双手掩面而泣的是韩伯榆。榜题“柏榆伤亲年老，气力稍衰。笞之不痛，心怀楚悲”。榜上位置到“楚”字已写满，“悲”字刻在伯榆肩上。

李善保幼主

东汉初年，南阳一带疫病流行，富户李元一家人相继病死，只有一个孤儿李续生下才几十天，就继承了千万家产。奴婢们私下商量，想把李续杀死，分了这些财产。仆人李善可怜李氏，又无力制止，便暗地里抱李续逃跑，隐藏在山阳瑕丘界中，抚养李续长大。李续虽然年幼，李善待他无异主仆，有事跪着请示禀告。李续十岁时，李善带他回本县，向长史控告诸奴婢的罪恶，长史把他们收捕杀了。瑕丘令钟离意上书推荐李善的事迹，光武帝诏令授李善和李续为太子舍人。李善后来升任日南太守，又改任九江太守。李续官至河间相。

画面中间大面积缺损，大致可以看到，右边有一女仆弯腰从木盆中捞一小儿，根据榜题“李氏遗孤”，知小儿即李续。根据《后汉书》和画意判断，女仆意图抛弃或加害孤儿。左边一人跪地拱手哀求，榜题“忠孝李善”，字迹已漫漶。

穆天子拜会西王母

第三层，除了右上是蔺相如完璧归赵和范雎戏魏收外，其余部分为穆天子拜会西王母。这一部分可以作为连环画来欣赏。

（1）纯情天子

右下为天子的出行卤簿。最右车中执便面者为天子，显示他前往昆仑山约会西王母时的忐忑心情。

（2）驻马扶桑

扶桑树也叫建木、连理树，是昆仑的象征，也是爱情的象征。树下车驻缰解，表明抵达昆仑。扶桑树右上有人射鸟，这应是昆仑山上西王母身边的仙人闲适幸福生活的写照。

（3）使者相迎

左上有西王母的使者拜迎天子，天子身后有侍者持便面、揹丝帛，侍从持便面既示意遮羞，也显示天子的矜持。中间三个戴冠者应皆为天子，是天子下车后接受迎迓的分镜头。

（4）昆仑相会

中间画面分上下两层。下层显示天子在正式拜会王母时由王母身边的高贵官员以礼相待，画面中已经出现献茶的戴花胜女侍。上层为西王母在一干女傧簇拥服侍下正襟危坐，右侧有女侍跪地禀报，似乎在说：“穆天子来了！”

梁高行·伯榆孝亲·李善保幼主·穆天子拜会西王母（局部）

年代：东汉；产地：山东嘉祥；规格：211cm×118.5cm

穆天子拜会西王母

画面反映的是穆天子拜会西王母的故事。

画中下层为天子出行卤簿。榜题自右至左为“君车”“门下功曹”“门下游徼”。两个步卒，行军时各自手执便面，与后边君车上执便面的穆天子相映成趣，说明天子的

羞赧需要很多扇子才能遮挡住。

第二层，为西王母的使者拜迎天子。右边立柱上缠绕着一个戴兔耳帽的人面蛇身仙人，应为伏羲或女娲。这里的伏羲或女娲就是一个顽童，为画面增添不少童趣，也一改伏羲女娲一贯的肃穆神圣形象。

左上的合欢树造型，可以与《山海经》记述的建木神树结合理解。

一般学者会把汉画中的射鸟者与射日的后羿联系起来。这幅画中的射鸟者也可以理解成后羿。因为《淮南子》说“羿请不死之药于西王母”，《山海经》说昆仑极高，“非仁羿莫能上”，说明后羿与昆仑和西王母有着极为密切的关系。

画中左右两个立阙，托起阙顶的是两个小仙人。屋顶的神禽灵兽在今日传统宫殿和民房上司空见惯。右上的龙头代表着鸱吻或螭吻，也写作蚩吻，相传为龙的第九子，阔口好吞，可以禳灾，常盘踞于殿脊两端。

年代：东汉；产地：山东嘉祥；规格：156cm×74cm

孔子见老子

古文献中多有记载孔子问道于老子、孔子拜师于老子之事。

老子、孔子时代儒道同源，学者互相学习启发，促进了知识和思想的交流与融合。

这幅汉画中间两个互相揖拜者即为老子和孔子。右边为年长的老子，拄杖，榜题“老子”。老子右边三人为老子随从，捧简而立，指的是老聃取出东周国家典藏供孔子查考学习。老子对面为孔子，捧雁作为贽礼，榜题“孔子也”。老子、孔子之间有一推车小童，此即项橐。孔子身后一人，冠服捧简跟随，简上书写的应是孔子请求老子解答的疑问。左边二马轩车上方榜题“孔子车”，车上坐着驭手，应即随孔子拜见老子的南宫括。

《史记 · 孔子世家》记：“鲁南宫敬叔言鲁君曰：‘请与孔子适周。’鲁君与之一乘车，两马，一竖子俱，适周问礼，盖见老子云。”

这幅汉画应是将《史记 · 孔子世家》记载的孔子前往洛阳问道于老子和孔子师项橐两个故事合二为一了。

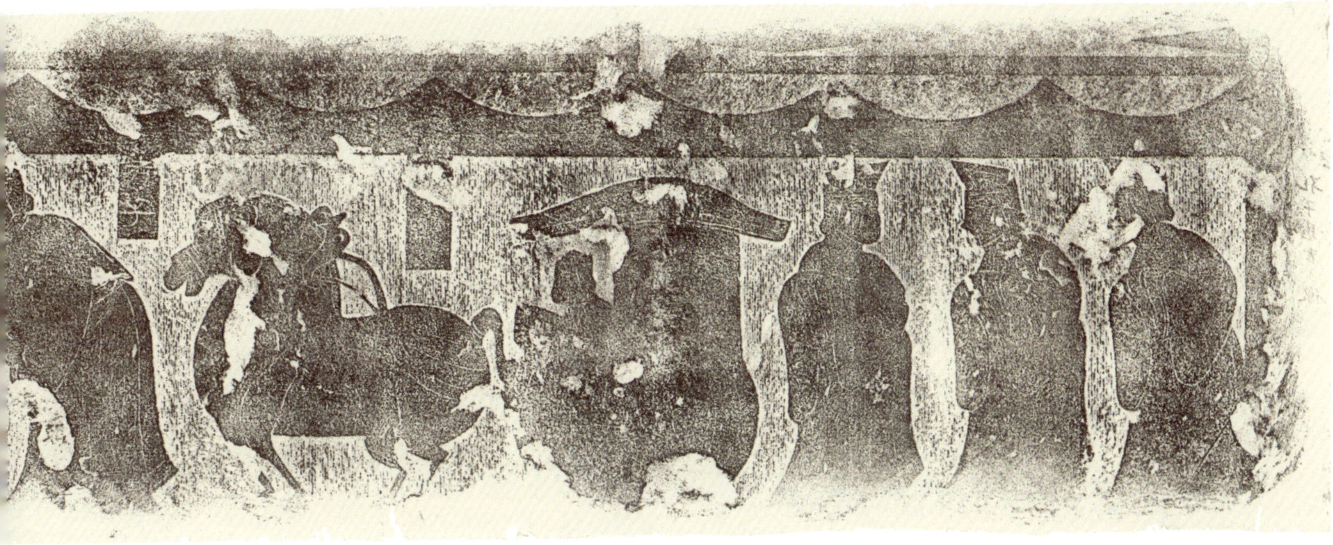

年代：东汉；产地：山东嘉祥；规格：168.5cm×41.3cm

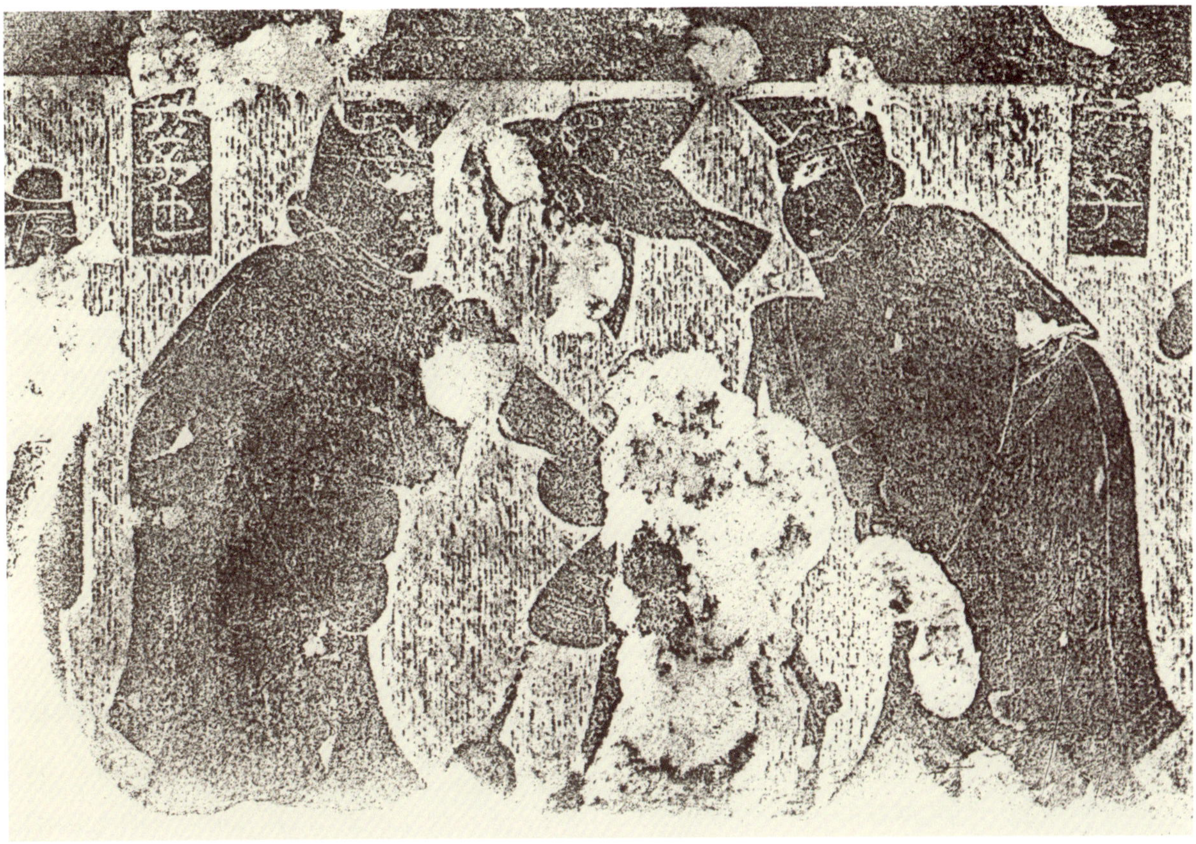

孔子见老子（局部）

孔子击磬于卫·赵氏孤儿·柳下惠坐怀不乱

这幅汉画共分两层三区。上层为孔子击磬于卫图；下层左区为程婴与公孙杵臼拯救赵氏孤儿，右区为柳下惠坐怀不乱图。

孔子击磬于卫

孔子在卫国击磬，满腹愁绪，被门外的农夫听出来。农夫开导孔子，世间事没什么大不了的。这是记录在《论语》里的几个孔子受揶揄奚落故事中的一个。

画面刻画一雕梁画栋的屋内，孔子跪地执杵击磬，簨簴上有磬九枚。孔子背后榜题“孔子”。他面前是伏地聆听的弟子；磬后的深屋是两个端坐闻磬的女子。现场两边庑柱旁各站立一人，似是卫国廷臣。画面左边，是一个拿着饭钵戴幞头的农夫。农夫左边，为三行榜题：“何蓧杖人，养性守真。子路从后，问见夫子。答以勤体，煞鸡为黍。仲由拱立，无辞以语。”屋檐上左右两边分别是一只猿猴和一只猫头鹰。

晋代皇甫谧《高士传》里有个人叫“荷蒉”，孔子击磬于卫，他“荷蒉而过孔氏之门”。

画像上有孔子击磬，将门外的人理解成荷蒉是没有问题的。但榜题内容分明还讲了荷蓧丈人的故事。在《论语·微子》里，他讽刺孔子“四体不勤，五谷不分”却又“杀鸡为黍”招待子路。

画像上既有荷蒉高谈阔论，又不厌其烦记述荷蓧丈人，表面上看，好像刻画者将二者混为一谈了，实际上其中很可能传递了艺术家真正想表达的思想。

《周礼》详细记载了神圣的祭祀音乐演奏所必需的场地要求：“《云门》之舞，冬日至，于地上之圜丘奏之……《咸池》之舞，夏日至，于泽中之方丘奏之……《九德》之歌，《九韶》之舞，于宗庙之中奏之。”

回头再看孔子用九磬演奏音乐的场地，就不难理解春秋时期礼崩乐坏的现实给孔子带来的尴尬与痛苦。

很多时候，孔子作为一代宗师，要面对政治权力的碾压、内心对礼的坚守、弟子的不解和他人的羞辱、责难与非议，其内心痛楚难以言表。但面对责难时，孔子往往就像对荷蒉一样平静地回答：是这样，没什么大不了的。

赵氏孤儿

春秋时晋国贵族赵朔被奸臣屠岸贾陷害惨遭灭门之祸。赵家遗腹子赵武在家臣公孙杵臼和程婴的佑护及韩厥等善良之人竭力帮助下侥幸脱险。赵武长大成人后杀死屠岸贾，报了血海深仇。

汉画截取蒙难的赵朔的妻子庄姬将孤儿托付给公孙杵臼这一瞬间进行刻画，情景悲哀感人。画面中面前榜题“杵臼”者就是公孙杵臼。画面中的女子为蒙难的赵朔妻子，我们看不见她肝肠寸断，却感受到她在大难临头之际对襁褓中的赤子万般不舍。

画面正中双排大字榜题，清楚记录了这段历史：“程婴杵臼，赵朔家臣。下宫之难，赵武始娠。屠颜购孤，诈抱他人。臼与并殪，婴辅武存。”

18 世纪法国启蒙思想家、戏剧家伏尔泰将赵氏孤儿的故事改编成五幕戏剧《中国孤儿》。所以“赵氏孤儿”是在西方世界认知度最高的中国故事之一。

柳下惠坐怀不乱

柳下惠姓展，名获，字禽，春秋时鲁国人，是一个品德高尚的隐士。他最为人称道的是“坐怀不乱”的故事。

有一次柳下惠来不及在天黑前进城，就在城门下夜宿，一位年轻貌美女子也来投宿。柳下惠见那女子衣服单薄，怕她冻死，就用自己的棉衣把她裹在怀里，一直到天亮，根本没有淫乱的想法和行为。

画面上，一株枝叶萧疏的树下，柳下惠拥女子在怀而安之若素。其前榜题“柳惠”；其后杆上晾着女子的湿衣；树上窥视的鸟雀和右上的黑熊，既似烘托，又似见证。

年代：东汉；产地：山东嘉祥；规格：64cm×71.5cm

子路顶鸠

这幅汉画共有三格，上格是东王公及昆仑诸仙，下格为车马出行，中格为十九位孔门弟子。其中一人头上顶鸠，应为子路。另有一人戴耷耳软帻，其余皆戴冠。孔子的这些门徒，一个个身材匀称，相貌周正，好像统一穿着礼服，要去参加重要的拜祭活动。

孔子非常讲究礼。《史记 · 孔子世家》记孔子“割不正，不食；席不正，不坐；食于有丧者之侧，未尝饱也”。画中孔门弟子衣冠周正，是赞美孔子重视礼教，也是汉代倡导礼教的一个缩影。

接下来重点谈谈子路头上的鸠。前面介绍过羔雁。子路顶鸠，可以理解成子路带着看望孔子的礼物。

古有鹖冠之说。鹖是像雉而善斗的鸟，古代武士戴鹖冠，表示英勇不惧战斗。史书记载子路为人耿直，好勇力。他少年时好逞强，常头戴雄鸡式的帽子耍威风。他甚至瞧不起孔子，有动手冒犯孔子的劣迹，可以说是个“问题少年”。孔子循循善诱，慢慢引导子路好学向礼。子路后来穿着儒服带着拜师礼物，主动请求成为孔门弟子。

孔子因材施教，教导子路成为有勇善断、品德高尚之人。孔子周游列国，子路常跟随左右，保护老师免受羞辱和伤害。孔子内心感激子路，自言“自吾得由，恶言不闻于耳”。汉画中子路每每头顶一只鸟，应该是子路勇敢坚强的形象化表达。

据《史记 · 仲尼弟子列传》，子路后来在卫国做官，卫国内乱，子路被击落冠缨。子路说：“君子死而冠不免。”然后“结缨而死”，被政敌斫为肉酱。从一个“冠雄鸡”的顽劣少年到临死还要正衣冠的直臣，子路完成了人生的蜕变和升华，是孔子呕心沥血成功教育的奇迹。子路死，孔子万分悲痛。《礼记》记孔子不忍食用肉酱，见肉酱让人倒掉，借此表达对弟子的哀悼。

年代：东汉；产地：山东嘉祥；规格：197.5cm×85.5cm

孔门弟子候师图

画中尽管有五人或身体或头部损泐，但还是能看得出画中的十三人是孔子门徒，他们等候在孔子家门口，等待孔子醒来，开始一天的课程。

这些门徒有高有矮，大多戴冠，有四个戴帻戴巾，显示孔子教学“有教无类”，平等视之。

其中有四人手捧简册，在师门打开前的短暂时间里，珍惜寸阴，或默而诵之，或吟哦有声，引得前后的同学来看。

左数第四人头顶一只鸠鸟。武氏祠前石室画像之二有一孔门弟子，头上顶鸠，其前榜题“子路”。由此看来，此画中顶鸠的也应是子路。

最右边的弟子双袖相拢，显得毕恭毕敬，应是曾参，他学问精进，又谦恭温顺，每天总是最早来到老师家门口。身后的同学好像有什么疑问向他请教，于是他回过头去，耐心讲解。

年代：东汉；产地：山东嘉祥；规格：144cm×32cm

书于竹帛

画面共分两格，总体内容是穆天子拜会西王母。这里重点介绍一下画面中的书写内容。

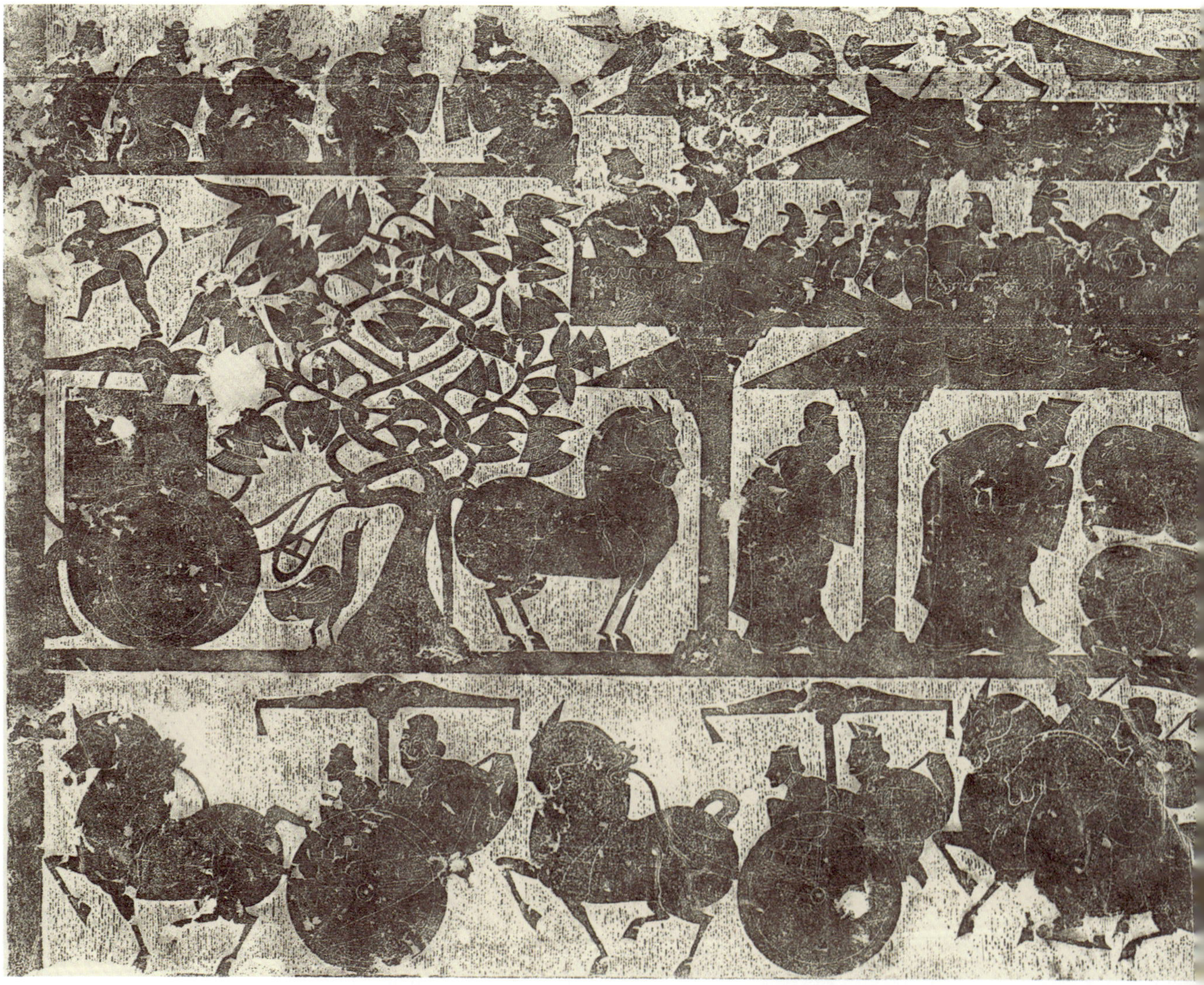

在纸张发明前，中国人的书写材料，除了金石甲骨，就是竹帛。金石甲骨因为昂贵难得，使用它们书写成为王侯的专利，知识分子常用的只有竹帛，即竹简和白绢。多片竹简连缀，称为册或策。竹帛是中国早期重要的书写用品。

画中左上为书写图。右边一人左手抚简册，右手执毛笔，正在书写。左边四人似正接受问询采访，其中一人后顾，似在商议。这一画面，很容易让人联想到两件史事。一是孔子死，其门徒子夏、仲弓、子游首先商议编辑《论语》，以纪念老师。二是秦始皇焚书坑儒和项羽焚烧咸阳，造成大量典籍和国家文献毁失。汉初发起典籍抢救运动，大量求访古书。许多古书残缺不全，需要靠儒士的记忆背诵补齐。画面也有可能反映了这段历史。

画面正中，是老师课徒图。中间戴进贤冠盘坐、右掌前伸者为老师，他前面执笏跪叩者为门徒，左右分立五人，皆执笏。在二跪叩者面前有打开的帛书。帛书右下，有毛笔一杆。

年代：东汉；产地：山东嘉祥；规格：148cm×70cm

当然，联系《穆天子传》和这幅汉画的整体内容，画中的书写场面，也可以理解成穆天子拜见西王母时向礼傧报到、登记进献西王母的礼物。

迄今为止，汉代乃至先秦的竹简帛书层出不穷，毛笔也屡见不鲜，但执笔书写的画面极其罕见。这是这幅汉画尤为可贵的地方。

项橐难孔·神荼郁垒·九十三字铭

这是武氏祠一尊汉阙上的一幅画，自上至下分为三区，内容分别是项橐难孔、神荼郁垒、文字题刻“九十三字铭”。

项橐难孔

第一区，分上下两部分。上部有单骑、单驾轺车自右向左行进。下部有四人。右边一长一幼相对。其中右为一垂髫少年，左手玩推铁环游戏，右手似在指画。长者袍服，持笏恭立。冠部有损泐，似平顶冠。左边二人戴兔耳冠，大腹便便，相向站立，手有所指画。

据说，孔子周游列国，遇到聪慧的幼童项橐。许多孔子百思莫解的问题，项橐一语道破；而项橐提出的很多问题，孔子却张口结舌，答不上来。于是孔子虚心拜项橐为师，向他学习。

画面中执笏的长者就是孔子，稚子就是项橐。项橐一边玩耍，一边指画讲论，孔子洗耳恭听。画中两个戴兔耳冠者应是孔子门徒，他们好像在探讨项橐与孔子交流的问题。上边的车马，是孔子与门徒周游列国的象征。

项橐，春秋时项国神童。《战国策·秦策》说“项橐生七岁而为孔子师”。《列子》中的《两小儿辩日》虽然没有提到项橐的名字，但后来的研究者多把其中一小儿定为项橐。这幅汉画中项橐玩耍的铁环，可能就和辩日话题有关。

神荼郁垒

第二区为门神神荼郁垒。其基本造型为铺首衔环，但铺首部分更似人面。铺首与铺环之间，二虎咬尾交尾，其形态又似交叉相抱于胸前的人的双臂。将二虎与铺环联系，又形成二虎穿璧交尾咬尾造型。神荼郁垒下铺环两边各有一鱼，上部山形冠两边各有一常青树，表示的应是阴阳两界。

九十三字铭

第三区为铭文，铭文为八分书，八行，前七行各十二字，末行九字，共九十三字，人称“九十三字铭”。全文为：“建和元年，大岁在丁亥，三月庚戌朔，四日癸丑。孝子武始公，弟绥宗、景兴、开明使石工孟孚、季弟卯造此阙，直钱十五万。孙宗作师子，直四万。开明子宣张，仕济阴，年廿五，曹府君察举孝廉，除敦煌长史，被病夭没，苗秀不遂，呜呼哀哉，士女痛伤。”

由铭文可知，此阙是武始公、绥宗、景兴、开明四兄弟为父祖墓地祠堂所建，记载了家族中最可炫耀的敦煌长史武班壮年殒殁一事，并记下造阙时间、耗资情况及用石工等内容，成为后人研究汉代社会和中国庙阙文化的重要参考。

年代：东汉；产地：山东嘉祥；规格：52.5cm×140cm

项橐难孔・神荼郁垒・九十三字铭（局部）

颜叔握火·信陵访贤·范雎蒙难

这幅汉画与下一篇所讲的汉画的原石为同一块石头，是武氏祠左石室第一石的右半部分。原石现存瑞典国家艺术博物馆。

石分上下两格。其中上格分左右两区，左区为信陵君窃符救赵故事，右区为颜叔子握火故事。下格为秦国丞相范雎当年在魏国受辱蒙难的故事。

颜叔握火

画中二人共处一室，右边一男子戴冠，向左跪坐，头却向后看。他右手握持火烛，左臂上举。左方一女子头戴五梁花冠，面向颜叔跪坐。榜题三处，分别是："颜叔握火""乞宿妇""颜叔独处，飘风暴雨。妇人乞宿，升堂入户。燃蒸自烛，惧见意疑。未明蒸尽，摍苲续之"。"摍"同"缩"，抽取。苲，柴草。

结合榜题，可知画像刻画的是春秋时颜叔子在深夜独自面对落难寡妇时，既仁至义尽又不失礼仪的故事。

《毛诗故训传》记载：颜叔子隔壁住着一位寡妇，夜间暴风雨毁坏了寡妇的房子，寡妇到颜叔家避雨。颜叔接纳了她，但为了避嫌，让她端着灯烛。灯火将尽时颜叔抽取屋椽燃火照明。

画面保留了《毛诗故训传》中颜叔与寡妇尴尬对坐、颜叔缩屋续火的基本情节，但又有所变化。画中是颜叔"握火"，而不是寡妇"执烛"，这更符合颜叔拘谨严正的性格，更接近特殊情景下的生活真实。

信陵访贤

信陵君是魏国公子，与楚国春申君、齐国孟尝君、赵国平原君并称"战国四公子"，是战国时魏国著名军事家、政治家。他最著名的事迹是窃符救赵。公元前 257 年，秦军大兵压境，围困赵国都城邯郸。赵国求救于魏，魏王惧秦，不敢出兵。信陵君素以信义著称，决意设法帮助赵国。他听取侯嬴之计，借助如姬窃得兵符，夺得兵权，成功解救了赵国之危。

画中第一格左半部尽管残损过半，但借助榜题和残留的画面，不难判断出是信陵君窃符救赵系列故事中听从侯嬴之计、拜访力士朱亥的情节。主题画面为一辆轺车驻停，车上坐一高冠者，即信陵君。车后二人，石面损泐，仅见头、肩、残手。

车后榜题“侯嬴”，其下侯嬴形象剥落不可见。画面右边有长榜题，榜题的下部多有剥脱。参考其他文献，榜题全文为：“公子无忌，魏信陵君，虚左招贤。夷门监者，侯嬴下车，立候朱亥。言语多时，颜色不改。”

这段榜题记述了信陵君设计救赵时的两件事，一是自驾马车拜访魏国国都大梁东门监侯嬴，路上让出御者左边的尊贵座位，准备让侯嬴乘坐。二是与侯嬴一道拜访大力士朱亥，侯嬴故意与朱亥站着说话很久，察言观色，考察信陵君的耐心和品德。

汉画选取侯嬴考验信陵君的瞬间，生动刻画出信陵君温文尔雅的仪表和礼贤下士的美好品德。尽管大部分画面缺失，但保存了等候在车上的信陵君，他目不旁视，温雅安静，恭谨有礼。通过残存的马身和稳静的四蹄，可以看出连信陵君的马都是驯顺而善解人意的，衬托出主人的性格和品格。

范雎蒙难

范雎，字叔，是战国末年秦国宰相，著名政治家、军事谋略家。他本是魏国人，魏国中大夫须贾的门客，因被怀疑暗通齐国出卖魏国，被魏国宰相魏齐鞭笞殴打，受尽凌辱；后在狱卒和国人郑安平帮助下，装死潜逃，化名张禄，成为秦国宰相。

画面自右向左分为四部分。右边为范雎受刑，中间为须贾陷害范雎，再向左为范雎装死出逃，最左为范雎与郑安平夜奔逃秦。画中有榜题六处。

先看右边范雎受刑图。

这部分画面上共六人。跪地足戴镣铐者为范雎；范雎面前一人，一手持钉，正躬身为范雎上脚镣。范雎头顶有榜题：“范雎足考”，“考”通“铐”，为加在手脚上的刑具。画面中的范雎左向仰首，摊开右手，屈左膝，右腿前伸，右胫上锢木铐，显得孤苦无助。

范雎身后立一道貌岸然之人，手指范雎，颐指气使。其右上有榜题“外黄狱吏”。可知此人为掌管刑狱的官吏。

范雎左上方有一探腰猥琐男子，其前有秽物，可能象征将范雎丢入厕所侮辱他。狱吏身后，一人执笏，可能是记事随从。施铐者左边，为一狱吏，头部和双手缺失，左向，他衔接着前边的画面。

画面最右，为一长榜，仅保存上半截，题字为：“荧正范雎，陈留外黄。足（下缺）/ 睢诣寺门，求代考貇（下缺）”。

“荧正”，谐音嬴政，即秦始皇；“荧正范睢”意思是说“秦朝宰相范睢”。“足”字下应是与戴镣铐桎梏有关的字眼。诣，前往；“睢诣寺门”意思是范睢央求守卫。貇，为“除”字假借；“求代考貇”意思为央求把自己身上的桎梏解除掉。

榜题正是对这部分画面的说明。

再看中间。画中有一屋堂。屋堂外一人戴冠执笏，袍服屈膝，右向，此人当为须贾，正在向室内之人禀报。室内一人宽袍戴冠，盘腿左向，向前摊掌。此人当为魏齐，其上方榜题仅存“齐”字的模糊字形，榜题全文应为“魏齐”。画面是须贾向魏齐禀报范睢有通敌嫌疑，魏齐“大怒”，下令严惩范睢。屋右边的狱吏侧身向屋中，应当是在听候魏齐命令。

再向左，为范睢装死脱困图。画中门阙位置，右边为佩剑者，戴平头帻，左向；左边图像残损，但可看出为一人背影，戴平头帻。二人正抬举一长囊外出。根据《史记》，画面内容应包含两个情节：一是范睢佯装气绝身死，被箦席卷起丢在厕所中；二是范睢在席筒中央求看守想法放跑自己，看守请示魏齐后以范睢已死为名放走范睢。画面显示，范睢是裹在席筒中被两个狱卒抬出魏国丞相府第的。

第四幅画面在下图的右下，为范睢、郑安平夜奔图。一根庑柱前，范睢在左，郑安平在右，二人背靠背，猫腰弓步，正机警地疾步夜逃。郑安平戴帻，脸部清晰显示戴有面罩。范睢头部残损，但亦似戴面具。范睢左上榜题“范睢”，郑安平右上榜题“门亭长”。《史记》记载帮助范睢逃跑的是郑安平，但未记载郑安平在魏国的身份。根据这幅汉画，郑安平是门亭长。“门亭长”和“寺门卒”都是职掌治安守卫的人员。《史记》说郑安平与范睢“伏匿”，也就是昼伏夜行、化装隐身，逃出魏国。画面反映的正是二人夜遁的情形。从范睢和郑安平的装扮、举止和表情，看得出他们的出逃之路险象环生，刺激惊险。

司马迁感叹范睢不遭遇艰难困苦，又怎能奋发有为。这幅“范睢蒙难”汉画既是一部连环画，又是一部连续剧，写实铺陈，情景交融，精彩纷呈。

年代：东汉；产地：山东嘉祥；规格：114.5cm×64cm

陵母伏剑 · 狗咬赵盾

这幅汉画与上篇里的汉画原石为同一块石头，是武氏祠左石室第一石的左半部分。原石于民国初年流散国外。

石左右残缺，近于等边平行四边形。石分上下二格。上格为西汉初年跟随刘邦打天下的近臣王陵的母亲义拒楚使、刎剑明志的故事。下格右边铭文柱左为春秋时晋国昏君灵公嗾使恶犬啮咬重臣赵盾的故事，柱右为范雎在魏国罹难潜遁的故事。

陵母伏剑

据《汉书》和《列女传》，王陵是刘邦的发小。刘邦攻入秦朝国都咸阳时，王陵“亦聚党数千人，居南阳，不肯从沛公”，成为楚汉双方拉拢的对象。身居彭城的楚霸王项羽派使者把王陵母亲接到军中，实际上是绑架王母，以此要挟王陵，逼他归顺自己。王陵派使者到项羽军中交涉，王陵母私下对王陵派来的使者说：“请告诉王陵，好好侍奉汉王刘邦。我要以死明志，断了王陵归顺霸王的念头。”然后拔剑自刎。项羽大怒，“烹陵母”。王陵是孝子，母亲的死和项羽的残忍，坚定了他归附刘邦的决心。王陵后来帮助刘邦平定天下，被任命为宰相，封安国侯。

画中右起第三人面向左者即为王母，她面前的榜上题“王陵母”三字，脖子上插一短剑。王母左边为王陵派来的使节以及四维轺车、执棨戟从吏，马上方榜题“汉使者”。王母身后执棨戟拉扯她的是楚将，榜题有“楚将”二字。楚将后面戴高冠的应是项羽。画面选取王陵母叮嘱汉使毕即伏剑而死、楚将惊慌阻止、汉使目瞪口呆这一瞬间进行刻画，具有极强的戏剧张力。

狗咬赵盾

据《左传 · 宣公二年》记载，春秋时，晋国重臣赵盾权倾朝野，如日中天，炙手可热。昏君晋灵公骄横跋扈，赵盾屡次劝谏，灵公置若罔闻，并决意除掉赵盾。针对赵盾的暗杀层出不穷，但都被赵盾一一化解。一次，灵公请赵盾到宫中饮酒，事先设下埋伏。提弥明发现了这个阴谋，快步走上殿堂，说："臣下陪君王宴饮，酒过三巡还不告退，就不合礼仪了。"说完扶起赵盾走下殿堂。灵公养有恶犬，一嗾而起，扑向赵盾。提弥明杀死恶犬。灵公的卫士灵辄，关键时候倒戈，救走赵盾。

画中一间两柱轩屋，正中有靠背的床榻上，面左挥臂者就是晋灵公，他上面榜题"灵公"二字。灵公挥手处，一犬跃起，扑向一跣足之人，此人应是提弥明。画面左边人物仅余半身、一掌，榜题"赵宣孟"，赵宣孟为赵盾别名，说明此人即赵盾。轩屋右柱外有一人抚柱内窥，此人应为灵辄，他本是灵公卫士，因为赵盾有恩于他，关键时候背负赵盾逃脱。灵辄身后有榜题："宣孟晋卿，餔辄翳桑。灵公凭怒，伏甲嗾獒。车右提明，超犬绝颃。灵辄乘盾，爰发甲中。"是画面的说明和提示。

年代：东汉；产地：山东嘉祥；规格：118cm×68cm

陵母伏剑・狗咬赵盾（局部）

凤求凰 · 泗水捞鼎

此汉画分左右两区。

画面左区分上中下三格。上格为凤求凰，中格为车马出行图，下格为庖厨图。这里重点介绍一下凤求凰。

据《史记 · 司马相如列传》《西京杂记》等记载，司马相如宦游归蜀，遇才女卓文君，作《凤求凰》挑之，自弹名琴“绿绮”，感动了卓文君。

司马相如家贫，他们“置酒舍卖酒”，“文君当垆”。后来司马相如另有新欢，卓文君作《白头吟》，表明“愿得一心人，白首不相离”。卓文君年老色衰，司马相如始乱终弃，于是文君作哀怨凄绝的《诀别书》，说：“锦水汤汤，与君长诀！”

画中表现了卓文君抚琴与司马相如诀别的情节，穿插了司马相如当年的海誓山盟和二人共同走过的艰难历程。他们之间的帛书和酒樽，应该分别代表司马相如信誓旦旦的《凤求凰》和卓文君当年临邛“当垆”的艰辛。左边的笙箫和笨拙的盘舞，既是舞乐的写实，也暗示司马相如当年身穿犊鼻裈与仆役杂处，尽管辛苦，却很快乐。琴还是那把琴，人却非当年的人。画面右侧卓文君身后，两个女侍手捧一透明的奁匣，既是表明文君收拾行囊与司马相如诀别的决心，同时似乎也是卓文君“一片冰心在玉壶”的象征。

画面右区为秦始皇泗水捞鼎图。上面戴高冠站立桥头挥手俯视的应是秦始皇，他对面的应是宰相李斯。二人身后各有侍者执便面揹布帛侍奉，说明捞鼎持续时间之久。左右持笏者当为朝中大臣，各有要事禀报，而始皇帝念兹在兹的是捞鼎，一切都抛在脑后了，其中不无批判意味。鼎中跃出龙首咬断系鼎之索，捞鼎者前仰后合甚至四脚朝天，这是泗水捞鼎汉画常见造型，为这一题材的汉画增加了幽默色彩。

年代：东汉；产地：山东嘉祥；规格：206cm×71cm

贞夫射书韩朋·二桃杀三士·奉巾迎宾

此汉画分上中下三格。中格为二桃杀三士，下格为老奴奉巾迎客图。

贞夫射书韩朋

关于上格的内容，朱锡禄《武氏祠汉画像石中的故事》这样描述："第一层刻人物故事。左边有一房屋，内一人头戴斜顶高冠，面向右坐。屋外有一楼梯，梯下柱间有一人面向屋内跪坐。楼梯上一少年男子肩荷一物似铁锨，上挂一小包裹，正往梯上爬，回头向后看。右方一女子手执弓，欲射此人。女子和扛铁锨的人之间有两个儿童。女子身后有二人站立，其前一人执笏，后一人抬起手。前者一人回头与后面的人说话。空中有飞鸟一只，屋顶上一猴蹲坐，有榜三处，但无题字。"

关于这幅汉画的内容，专家解释不一。与这幅汉画构图相近的作品，迄今为止，山东地区发现汉画像石至少十三例，河南地区发现汉画像石、汉代壁画各一例，陕西地区发现汉画像石一例，浙江地区发现汉代铜镜三例。在山东地区出产的汉画像石和浙江地区出产的汉代铜镜上，出现"宣王""信夫""孺子""皇后""侍郎""立二子""宋王二子"等榜题。

不少学者认为这些汉画与敦煌遗书《韩朋赋》反映的是同一故事——

战国时期，贤士韩朋仕宋，三年不归，妻子贞夫思念丈夫，写信给他。韩朋不慎将信丢失，为宋康王所得。宋康王骗贞夫入宫，立为皇后。贞夫思念丈夫，不改其志。宋康王囚禁韩朋，使筑青陵台。贞夫在青陵台见到韩朋，裂裙裾作书，与韩朋相约共同赴死，用弓箭射到台下。韩朋得妻子信自杀。贞夫求宋康王以礼葬之。葬日，贞夫自投圹中，与韩朋化为青白二石。宋康王将青白石分别埋于道之东西，各生桂树、梧桐，枝叶相交为韩朋树。宋康王令人伐树，树化为双飞鸳鸯，落下一根毛羽变成利剑，割下宋康王头颅。

有学者认为，画中射箭的女子就是贞夫（又叫信夫），被射的男子就是她的丈夫韩朋。但多幅画面显示，女子贞夫的弓箭射向了孺子也就是儿童，其中一幅汉画还同时刻画出“孺子”和“宋王二子”。射箭的女子盛气凌人，被射的孺子落荒而逃，弯弓女子的造型更像是心狠手辣、必欲除掉前妻之子而后快的蛇蝎后娘，完全看不出贞夫与韩朋之间应有的心领神会和情深意长。

这幅汉画的具体含义，有待进一步研究。

二桃杀三士

二桃杀三士是汉画像石常见题材。各种二桃杀三士汉画均把晏婴设计成矮人。这与史书记载晏子身矮貌丑有关，此外还寓有批评和褒赞两种深意。

之所以批评晏子，是因为公孙接、田开疆、古冶子三员猛将战功彪炳，为国之干城。从三士之死也可以看出，尽管他们有个性与人性的缺点，但不失为珍重情谊、坦白磊落的英雄。晏子使用阴谋除掉三士，让人叹息。

之所以说褒赞，是因为晏子的身材留下不少美谈。汉画像《二桃杀三士》推崇智慧和谋略，批评了有勇无谋之人。

奉巾迎宾

下格为车马出行图，二骑，一带伞盖轺车。车上右为戴帻车驭，左为戴进贤冠官人，可证信陵君访贤时自驾车“虚左”是谦恭礼贤的姿态。

本图左边一佝偻老奴双手捧巾于胸前。这种捧持块状物的造型，一般释为捧盾门吏。但此画中老奴所奉持的显然不可能是沉重盾牌，更似巾布之类，示意洗尘揩面。

年代：东汉；产地：山东嘉祥；规格：84cm×78cm

七女大战咸阳桥

这幅汉画是七女为父报仇、大战咸阳桥的故事。

画面以栏桥为界，分桥上、桥外、桥下三部分。桥上和桥外的战斗连为一体，共有戴花胜女子五人及其扈从与官兵勇敢作战。官兵或乘车或骑马，有的溃逃，有的力战，更多的从左右两侧蜂拥而至。五女子分持刀、剑、钩镶和盾牌，愈战愈勇。桥下，两个戴胜女子乘船夹击一峨冠持剑盾高官，左右又有武士持剑戟夹击女子。画面左下角，二戴进贤冠持剑者护持一老妪，此当为七女之母。战场上点缀两丛树木，各有栖

鸟一只。桥下有鸬鹚啄鱼、渔人捉鱼。整个画面紧张刺激而不失幽默感。

武氏祠还有一幅汉画与此画面近似，混战场面更为犬牙交错，且有榜题“主记车”“主簿车”“功曹车”“贼曹车”“游徼车”等。从画面效果看，还是本图更易理解。

这幅汉画最早被学者分别释为水陆战争、官兵镇压农民起义、妇好征鬼方等。

除此二方汉画像石外，山东莒县出土一件画面近似的画像石，有榜题“七女”。曹操高陵墓亦出土一件场面近似的画像石，榜题有“令车”“主簿车”“咸阳令”等。

1972 年，内蒙古和林格尔盟发掘一座汉墓，墓中壁画上的情形与此汉画像石上情景接近，带有“长安令”“渭水桥”“七女为父报仇”等三处榜题。从此，此类汉画被称为“七女为父复仇图”。但七女是谁，其父是谁，是何冤仇，仇人是谁，具体故事情节如何，文献概无记载，专家认为是在汉代广为流传但如今已经失传的历史故事。

我们认为，七女战官兵与孟姜女哭长城的故事原型接近，可能是七女的父亲被秦始皇征用修造咸阳桥，并惨死在桥下，由此引起七女为父报仇。与弱女子孟姜女哭倒长城不同的是，七女个个骁勇善战。她们攻进咸阳，杀死咸阳令，成功为父报仇。

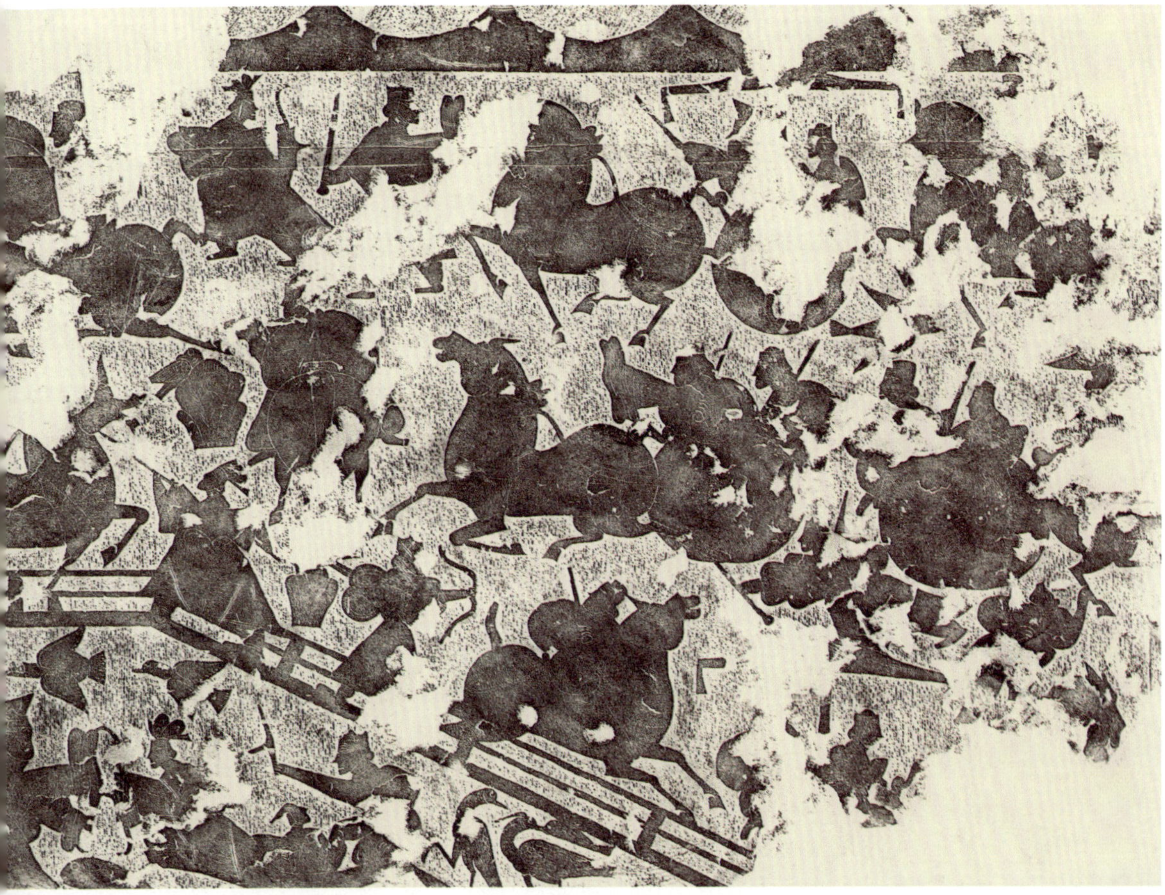

年代：东汉；产地：山东嘉祥；规格：210cm×76.5cm

七女大战咸阳桥（局部）

荆轲刺秦

这幅汉画分左右两区，中间以竖格区隔。左右两区的下边二格皆为车马出行图，榜题有口吏车、行亭车等。左右区最上格为云龙纹，亦称草龙纹。左区第二格内容可能为“赵氏孤儿”，右区第二格为荆轲刺秦图。

“赵氏孤儿”，表现孤儿的母亲晋国公主为保存赵家的唯一血脉，忍痛将刚出生不久的孤儿托付与人的情节。

我们重点来看荆轲刺秦图。武梁祠另有两幅荆轲刺秦图。

第一幅，位于专诸刺吴王图的左上方。画上，荆轲右臂扬起，匕首刺在柱上；秦王张皇失措，躲在柱后，一手伸向后背，欲拔背上宝剑。荆轲助手秦舞阳匍匐于地，不敢抬头。荆轲带来的盛樊於期人头的箱盖已打开，头露出来。榜题有“荆轲”“秦王”“樊於期头”“秦武阳”等。

第二幅，在武氏祠左石室画像之五，“管仲射主”下。画面中为立柱，上有斗拱，匕首自左向右贯穿立柱，匕首尾部飘带飞向左下，极有动感。左边一戴帻穿短裤男子一跃而起，双臂舒展，面向柱右，极有气势，当为荆轲。其身后一戴冠者，跨步向左，当为秦庭官佐。柱右，地上箱盖半开，露出樊於期人头。箱右地上，仰面跌躺一人，当为荆轲伙伴秦舞阳。左上，一人峨冠袍服，右行左顾，左臂高举，右臂横伸，右袖被斩断，斜落于地；其袍服下端向左下斜曳，显出仓皇奔逃的动态，此人当为秦王。秦王右边，一武士左剑右盾，向左奔赴，当为秦庭卫士。画面无榜题。整个画面中秦庭官佐与荆轲在一侧，秦舞阳与秦王在一侧，显示荆轲绕柱追击秦王，极具戏剧性和视觉冲击力。

本图为第三幅荆轲刺秦图。

图中间为立柱，柱上端有斗拱，一匕首自右向左贯穿中柱，飘带右飞。柱右地上，箱盖半开，露出樊於期人头。箱右一戴帻宽袍魁伟男子，自右向左跨步向前，手臂向左上方高举，似刚刚投出匕首，其挥手处有榜题“荆轲”。荆轲前面，秦舞阳五体投地，其头顶上方榜题“秦武阳”。荆轲右后方，一武士向左挥剑扬盾，为秦庭卫士。荆轲后面，一平冠男子一手抓持荆轲，一面向右边武士招引。柱左，石上部损泐，但仍可看出，其中一扬臂断袖、左奔右顾、衣摆后曳之男子，当为秦王。其前把戟向左仆地者为秦宫大臣。面朝地扑倒之廷臣上方石泐，仍可看出为一面朝上跌倒之人，当亦为秦庭臣僚。秦王右后方，一秦宫武士扬盾跌地，面露怯色。秦王左臂上方石泐，依

稀可见榜题残字“也”字。据《金石索》，“也”字上有“此秦王”三字，合为“此秦王也”。柱左地面，为虚设之荐席，其旁为秦王来不及穿上的双履。这幅汉画里人物众多，追击奔逃情景更为惊心动魄，格斗厮杀场面更为激越。懦夫筛糠，弱者不堪狮吼；帝王失色，烈士气贯九霄，堪称一部英雄喋血史，一曲石上《大风歌》。

年代：东汉；产地：山东嘉祥；规格：160cm×63.5cm

年谷熟

原石上下分为四格；中间一石棱，把画面分为左右两区。画面应为庆贺丰收、感恩谷神之图景。

先看右区。

第一格，分左右两半部。左边，一对比翼鸟并首向左，鸟无爪，有三盘涡状云轮；其后一飞天双手曳鸟尾，飞天戴耷头长筒软帽，背生翼，双腿如蛇后曲。右半部两只生五云轮的比翼鸟，延颈相望左向而飞，其后曳之长尾连着一匹云轮天马。

第二格，分为三部分。中间为一团硕大的有根之云，云右一戴耷头长软帽的羽人双手扶云，当是寓意风调雨顺。右部为两株嘉禾。其中左禾若建木盘蜿而上屈，对生三层六枝，枝叶下垂；右禾若“柜格之松”，左右枝丫对生，共十五枝，枝平生或上翘，枝端若人首，学者多释右禾为“蓂荚”（古代传说中一种象征祥瑞的草）。有一羽人面左欲扶“蓂荚”，这应当寓意嘉禾茁壮生长，秀实累累。左边为谷仓，仓左右各有一羽人扶仓，其中右边羽人右手扬斗。仓左右空中各有一飞天，其中右边飞天伸手扶

年代：东汉；产地：山东嘉祥；规格：158.5cm×62.8cm

仓顶。仓顶造型既似舂杵，又似颀长谷粒。这一格寓意风调雨顺，五谷丰登。

第三格，分为三部分。左边为嘉禾，禾枝上悬挂米甑。这是一种庆丰收的古老习俗，在今日中原地区的葬俗中，依然可以见到这种年谷之树。中部为土地崇拜即社神崇拜。画面正中有一个大土堆，应当是社神，也就是土地神。土堆上部有二涡轮，形如巨眼。社神左一官人，戴冠，向右跪地揖拜；官人后立一侍者。（也有学者将这一画面解释为“丁兰刻木事亲”）

第三格右边，是尝新谷图。右为一长者，团坐于台上，向左前倾身，伸手捧接；中跪一男子，戴帻，面向长者，右手执斗，左手执箒，献汤食于长者；男子身后立一捧碗侍者，碗中当为新谷。此格寓意，应为年谷新熟，献新谷于长者品尝。（也有人将这一画面解释为“邢渠哺父”）

再看左区。左区最上格有残损，但可见人物、酒樽、琴瑟，与“凤求凰”接近。第二、第三格，分别是女主人、男主人接受侍奉的图景。第四格左边是庖厨图，右边是登楼献食。

一般研究者多将这幅汉画分为左右两区独立研究。鲁迅收藏的这幅汉画为一纸。不过，这幅汉画左右两区在内容上也有密切关联。右区为建木图腾或谷禾、木禾崇拜内容，与之相关联的是社稷崇拜，也就是土地神和谷神崇拜。左区为人世的炊食宴乐内容。整幅汉画反映的是年谷丰收、人民感恩社稷之神、安享太平盛世的图景。

杯弓蛇影·灵辄受恩·刘媪梦蛇

这幅汉画共三格，从上到下，分别刻画了杯弓蛇影、赵盾救灵辄于首阳山、汉高祖母亲刘媪感蛇有娠孕育刘邦的故事。

杯弓蛇影

第一格，正中靠下一高脚杯，杯腰缠一蛇。杯左右冠服二人，指指画画，似在商谈。左边并排二人，恭肃右向，捧笏。右边前后二人，前者回头后视，右手执笏，左手在胸前指画；后者捧笏恭立。画面表现的似是杯弓蛇影的故事。

据汉代应劭《风俗通义》，应劭的祖父应郴做汲县令时，请主簿杜宣饮酒。杜宣在饮酒时发现杯中酒有蛇影，心生厌恶，但碍于情面，还是将酒喝下肚去。当日就腹痛如割，从此茶饭不思，病弱不堪，百药难治。后来发现当日杯中蛇影不过是县令家北墙上的弓弩映在酒杯中的影子，一下解了心结，很快就病愈了。

画面蛇杯右侧右臂向上指画者应为县令应郴，蛇杯左侧以手向下朝蛇杯指画的应是杜宣，二人似在探讨壁弓映杯、酒有蛇影的成因；蛇杯则诙谐地表达了杯弓蛇影令杜宣虚惊一场的情节。左右之从事，应当是杯弓蛇影这一故事的见证者，他们或恍然大悟，或将信将疑，表现了对杯弓蛇影故事的认识过程。

灵辄受恩

第二格，画面正中停驻一单驾轺车，车马左向。车上驭者后顾，车后一伟丈夫执斗温恭面右，其前一戴帻伶仃小人跪地。马前一平冠侍者执笏右向，其与骏马之间地上跪卧一犬，犬首后仰。这幅汉画描绘了赵盾在首阳山路遇落魄潦倒的灵辄，舍食相济的故事。

据《左传》，晋国大夫赵盾当年在首阳山打猎，在翳桑之地看见三天没有进食、又饿又病的灵辄，就施舍食物给他。灵辄吃了一半，把另一半留起来要带回家给老母吃。赵盾让他吃完，又给他肉食，让他拿回家孝敬老母。多年后，灵辄为晋灵公侍卫，晋灵公要杀死赵盾，灵辄倒戈救了赵盾。赵盾不记得他，问他为何救自己，他说：“我就是当年在翳桑的那个快要饿死的人。”再问他的姓名和家庭情况时，灵辄不告而退。

画面中的魁磊男子就是赵盾，他伟岸的造型，体现出高贵的品质和美好的德操。灵辄形单影只，卑微而孤苦无依，他跪伏的身影与马前蜷曲的巴儿狗相呼应，似乎昭示着他拥有一颗感恩知报的耿耿忠心。不解的车驭和盼归的门卒，百无聊赖的宝马和空中与枝头的飞鸟，映衬着赵盾的爱心与耐心。整个画面以写实为基调，巧妙运用铺陈、对比、夸张、变形和象征手法，营造出暖意融融、感人至深的戏剧情景。

刘媪梦蛇

第三格，中为一妇人，大腹丰臀，戴帕，屈膝侧卧，曲肱而枕，睡眼蒙眬，面容安详；一条巨蛇从其怀中穿出，蛇首高昂，蛇尾盘曲。妇人左右各有一惊慌戴帕男子，分持槌、斧。左男扬槌似欲击蛇；右男左手把斧，右掌向前竖起，似在提醒左男不要轻举妄动，以免伤了妇人。画面上边的空中，左边为蛇足羽人，中间为一蛇、一蜻蜓、两鲵。此汉画表现了刘邦母亲刘媪泽畔梦蛇入怀，因而孕育汉高祖的神奇一幕。

据司马迁《史记·高祖本纪》，刘邦父亲叫太公，母亲名刘媪。刘媪曾躺在大泽边土坡上休息，梦见与神遇合，其时雷电交加，白昼如夜。太公看见蛟龙缠绕刘媪身上，刘媪因而受孕，生下刘邦。刘邦长大后，人们总是看到他头上有龙盘绕。后来刘邦为亭长时，酒醉斩蛇，有神婆说是赤帝之子斩杀白帝之子。

画面上躺卧的妇人就是刘邦的母亲刘媪。左右男子应为刘太公及刘邦的叔伯。空中的蛇、大鲵、蜻蜓，烘托出泽畔情景。无足羽人代表着伏羲女娲，也就是交合生殖。画面中刘邦父辈的诧异惊慌与咄咄逼人的盘蛇，形成惊心动魄的对立关系；而刘媪的迷离安详和羽人、飞虫的从容闲逸，宛若浪漫舒缓的琴曲。鲜明的对比，使画面极富戏剧性和观赏性。

年代：东汉；产地：山东嘉祥；规格：70.5cm×86.5cm

管仲射主

这幅汉画共分三格。第一、第二格分别刻绘管仲射主、荆轲刺秦故事，第三格为伏羲女娲交尾图。

第一格左前，一冠服者仰倒于地，膝上中一箭。其左，一人持伞盖遮护中箭者。右边一人左手持弓，右掌前伸，似刚射出利箭。最右二人执笏恭立。这一格表现的是管仲射公子小白的故事。中箭者为公子小白，执伞盖者为鲍叔，执弓者为管仲。

管仲是春秋时著名的经济学家、哲学家、政治家、军事家。齐桓公时，管仲为相，辅佐桓公大兴改革，兴利除害，富国强兵，成就了春秋五霸之首。

据《国语》记载，管仲当初辅佐公子纠，与公子小白为敌。管仲曾箭射小白，意图除掉小白。公子小白即位，这就是齐桓公。他听从贤臣鲍叔的建议，不计前嫌，重用管仲。

画面再现了管仲怒射公子小白、小白受伤、鲍叔救主的一幕。齐桓公不计前嫌、知人善任，鲍叔胸怀宽广、举贤荐能，管仲巨擘高才、治国有方，他们的故事都是中国历史上的美谈。爱与恨，恩与仇，敌与友，臣与君，一己与家国，恩仇与社稷，能臣与明主，古代才士所有的矛盾与纠结、颠沛与梦想、光荣与辉煌，都集中在管仲身上。汉代艺术家截取管仲射小白这一瞬间浓墨重彩地刀绘斧刻，实在是寄意遥深，韵味无穷。

年代：东汉；产地：山东嘉祥；规格：67cm×79cm

文王十子·六博·椎牛

这幅汉画共四层。

第一层，自右至左，为四个节义和孝亲故事：鲁义姑姊、邢渠哺父、闵子骞失槌和赵盾哺灵辄。

第二层，自右至左，为三个孝亲故事：伯游孝亲、老莱子娱亲、文王十子。

第三层为六博戏。右起第八人以左，为达官显贵乘车前来博局博戏，第八人应为博局侍者在迎接贵客。其后四位贵胄，左三右一分列博局两边博戏，在右者似为“庄家”，其旁有侍者侍酒。最右二人在表演七盘舞助兴。

六博，又作陆博，是古代一种掷采行棋的博戏类游戏，因使用六根博箸，故称六博，以吃子为胜，是围棋的变异和象棋滥觞。六博的棋子多以象牙、玉石或金属制成。从文献记载和出土文物以及汉画像石、汉画像砖上的画面看，战国至两汉，六博是在全国各地广受欢迎的一种博彩游戏，魏晋之后，这种游戏渐渐消失。此汉画反映了汉代六博之盛。

第四层为庖厨图。画面左边有一畜，尽管头部损泐，仍不难认出是一头牛。其右一人举槌，正欲椎牛。椎牛亦称槌牛、击牛，是以大槌或铁锤将牛击毙，然后屠宰。至今在我国西南少数民族地区仍盛行椎牛游戏，这很可能源自汉朝。

这里重点介绍一下文王十子。

据《史记》和《列女传》，周文王妻子太姒是夏禹之后，她仁爱有智慧，文王慕其美名，亲到渭水相迎，造舟为梁，请到封地岐。文王主外，太姒主内。太姒孝敬祖母、婆母，日夜勤于家务，教儿育女。她与文王育有十子：长子伯邑考，次子姬发，三子管叔鲜，四子周公旦，五子蔡叔度，六子曹叔振铎，七子成叔武，八子霍叔处，九子康叔封，十子冉季载。除长子伯邑考遭商纣王杀害外，其他九子都很有成就，其中次子即周武王。

第二层左边超过全层一半的位置刻画的是文王十子的内容。左边坐于榻上的老年夫妇为文王和夫人太姒，榜题“文王”。最左边有一女侍执便面侍立。文王右边，依次为十子，均左向拱手垂立。石面多有损泐，从此拓本上可以看到榜题“伯邑考”“武王发”“周公旦”“蔡叔度”“霍叔处”“康叔封”。最右边三人，左为文王幼子，中为持节女子，右为执笏家臣，榜题“乳母，冉季载”，季字半泐。脱落的榜题应为“管叔鲜”“曹叔振铎”“成叔武”。

文王十子·六博·椎牛（局部）

年代：东汉；产地：山东嘉祥；规格：199cm×81cm

（二）山东各地汉画

如意人

画中是一个执斧少年。他头戴平头帻，圆脸大眼，一对扇风圆耳，口半张。他身材短而粗，着长袍，怀抱一利斧。左边题字“食斋祠园”。

执斧为汉代门神的标志性形象。但此画中的少年面目清秀，稚气未脱，与一般门神的威猛怖厉大相径庭，显示山东地区门神造型向人性回归，从中可以看出门神从神荼郁垒向关羽张飞和秦琼敬德的过渡。

当然，只把画中人视作伐木或劈柴的汉代萌哥亦可。

画中少年如同玻璃人。他的裙摆像透明的蝉翼，可以毫无挂碍地看清他粗壮的双腿。斧子似乎也是透明的，斧柄没有遮蔽上衣，正常被斧柄挡住的衣襟的绲边和肩部的线条，历历在目。楔入斧子的斧柄顶端也没有被斧体遮挡，一览无余。

这很像汉代一幅执斧少年的设计草图，从中可以清晰看出设计者的设计思想。

类似的玻璃人造型，在鲁迅收藏的南阳汉画中也有一幅，有趣的是，那也是一幅执斧图。不过那幅汉画上的执斧者显然是赳赳武夫，可以毫不犹豫地把他和神荼郁垒划为同类项。

原拓本背面题写着“如意人一个”。看笔迹，并非鲁迅所写，说明在鲁迅之前，拓工或收藏家就给他起好了名字。

如意一词出自梵语，梵名阿那律，意为可心如意，是挠痒工具。“如意人”之名最早见于乾隆《咏商铜如意》诗：“一柄曲拳代谈者，琳玢古色错金银。谁知子氏犹尚质，已有欣于如意人。”清代收藏、把玩、研究汉画拓本的是一批官僚达人，如黄易、端方、陈介祺、吴大澂等，他们自然对乾隆的诗耳熟能详，应该是根据乾隆的诗，为此画中执斧少年取名“如意人”。恰好此人玲珑剔透，矮小如掌中玩偶，取名“如意人”，倒也颇为恰切。

鲁迅藏汉画拓本，有一部分来自端方收藏。这幅汉画有可能是端方旧藏；而“如意人”的名字，也可能是端方所命。

根据鲁迅藏拓本背面的标注，这幅汉画的原石在清末已经被卖到欧洲。

年代：东汉；产地：山东邹城；规格：51cm×80cm

周公辅成王·庖厨

画面分上下两格。

上格为周公辅成王。成王居中，是个儿童形象，头戴山形冠，腰缠丝绦。成王左首、画面右边将笠伞罩向成王头顶的是太傅周公。成王右首应为太保召公。其余执笏板者应为姜子牙等。

周公名姬旦，是周武王的弟弟。武王建立周王朝两年后病死。周公在召公帮助下辅佐周成王七年，从成王十三岁到二十岁，代理天子职权，征暴诛叛，治国安邦，忠心耿耿，巩固了周王朝的统治，世称“周公辅成王”。周公摄政七年后，还政于成王，成王开创成康之治，成为一代明君。

下格为庖厨图。又分上下两层。

下层为四组画面。最左为炊火图。灶台上坐着一口大锅，正在卤煮。灶右一人面向灶口，左手持吹火筒向灶洞内吹风助燃，右手自然后伸取柴续柴。吹火者右边有一人一狗一盆，这是要杀狗了。狗通人性，它哀怜地回首，似乎在用眼神哀求屠狗人。最右边两人持刀抬一四脚朝天的猪，这是已将猪宰杀，接下来要扒皮切腹分割。在屠狗者和杀猪者之间，有一台架，台架上有漏斗，下有大盆，台架左右各站一人，手伸向漏斗淘洗。这应是在淘米。

上层有三组画面。左边为厨架，架上悬挂着已宰杀好的四条大鲤鱼，两只鸡鸭。中间为剖鱼图，一人挥刀剖鱼。最右边为宰羊图，羊在中间，四蹄抓地不前。羊前有一人持刀牵羊，羊后一人捉杆驱羊。

这幅庖厨图很像汉代富足人家腊月准备过年的情形。画中出现九人，应皆为家奴。这反映出汉代富贵之家物质生活的富足和精神层面的自得欢愉。

年代：东汉；产地：山东邹城；规格：72.7cm×67cm

闲庭信步的狩猎者

画面分上下两格。

上格为拜谒图。从受谒者端庄的面貌和谒者一人执谒、三人执草或枝芽，另有一鸡人执叶看，画面内容应为神农氏或句芒受谒图。汉画创作者似乎有意提醒观者将谒和叶联系起来。

鸡人在上古时代还是官职名，主管报晓，在大祭祀之日凌晨，负责把百官叫醒。

这幅汉画的主体是下格，表现的是逐猎内容。

画面正中奔逃的三兔二鹿为猎物。右边一人掮弩机，嗾使二猎犬扑向猎物。其后一人掮着捕猎用的杆网工具毕罗，其下一人张毕罗。

画面左边二人，前者牵猎犬，后者臂上似有鸟，此或即臂鹰，指狩猎或嬉游时架鹰于臂。《后汉书 · 梁冀传》说梁冀“好臂鹰走狗”。牵狗与臂鹰者与右边的使狗执毕罗者形成合围之势，此即会猎或围猎。画面最右，拓本上显示黑乎乎的一片表示丘陵，寓意这场围猎活动，是在园囿之中，而非野山荒郊。

汉代帝王好逐猎。《汉书 · 司马相如传》记汉武帝“好自击熊豕，驰逐野兽”。

值得注意的是，这幅会猎图中的五位狩猎者都似闲庭信步，这里边大有深意。《史记》和《汉书》记载，刘邦打败项羽后论功封赏，认为萧何功劳最大。功臣们不服，觉得自己披坚执锐、攻城略地，而萧何不过是一个刀笔吏，“未尝有汗马之劳”。刘邦把功勋卓著的将帅比作猎狗，把萧何比作指挥猎狗的人，于是“群臣皆莫敢言”。刘邦顺利地将萧何列为功勋第一，“赐带剑履上殿，入朝不趋”。

不光这一幅汉画里狩猎者安步当车，不少汉画里都有这种看似不合情理的情景。其实这里边凝结着汉画设计者传递的深刻思想。

年代：东汉；原石保存地：山东博物馆；规格：69.5cm×60.3cm

高禖神 · 说唱乐

画面自上而下分为四格。

上格为高禖神图。高禖神臂弯抚着伏羲女娲的蛇躯。左边为伏羲，执规；右边为女娲，执矩。在有些画像上，伏羲执矩，女娲执规。执规矩寓意规划方圆，执掌乾坤，很有“为天地立心，为生民立命，为往圣继绝学，为万世开太平”的味道。画面右边为朱雀，代表南方；左边龟蛇相交，为玄武，代表北方。

第二、第三格为车驾。

第四格为舞乐百戏图。最左一人倒立，属百戏。左数第四人在抚琴，属雅乐。最右边一人在吹笙；右数第二人右手高摇拨浪鼓，左手似在捧箫吹奏。

特别要说明的是左数第二、第三人。第三人为坐姿，双手捧一方盒式之物，高与头齐。第二人站立，左臂自然下垂，右手捏持杵槌高高举过头顶。二人的动作结合起来看，很像是第三人举鼓，第二人击鼓说唱。

中国的讴歌吟唱历史很久，自汉晋及于唐宋，一直不乏说唱俑出土。尤其是汉代说唱俑击鼓说唱，表情幽默诙谐，动作夸张浪漫，证明汉代就有成熟的说唱艺术。

汉画中很少说唱造型。此汉画中的说唱者击鼓说唱，与今日的说唱动作颇为相像；鼓不是放在鼓架上，而是由一名乐伎高高捧起，这很符合出土汉代说唱陶俑的滑稽风格。

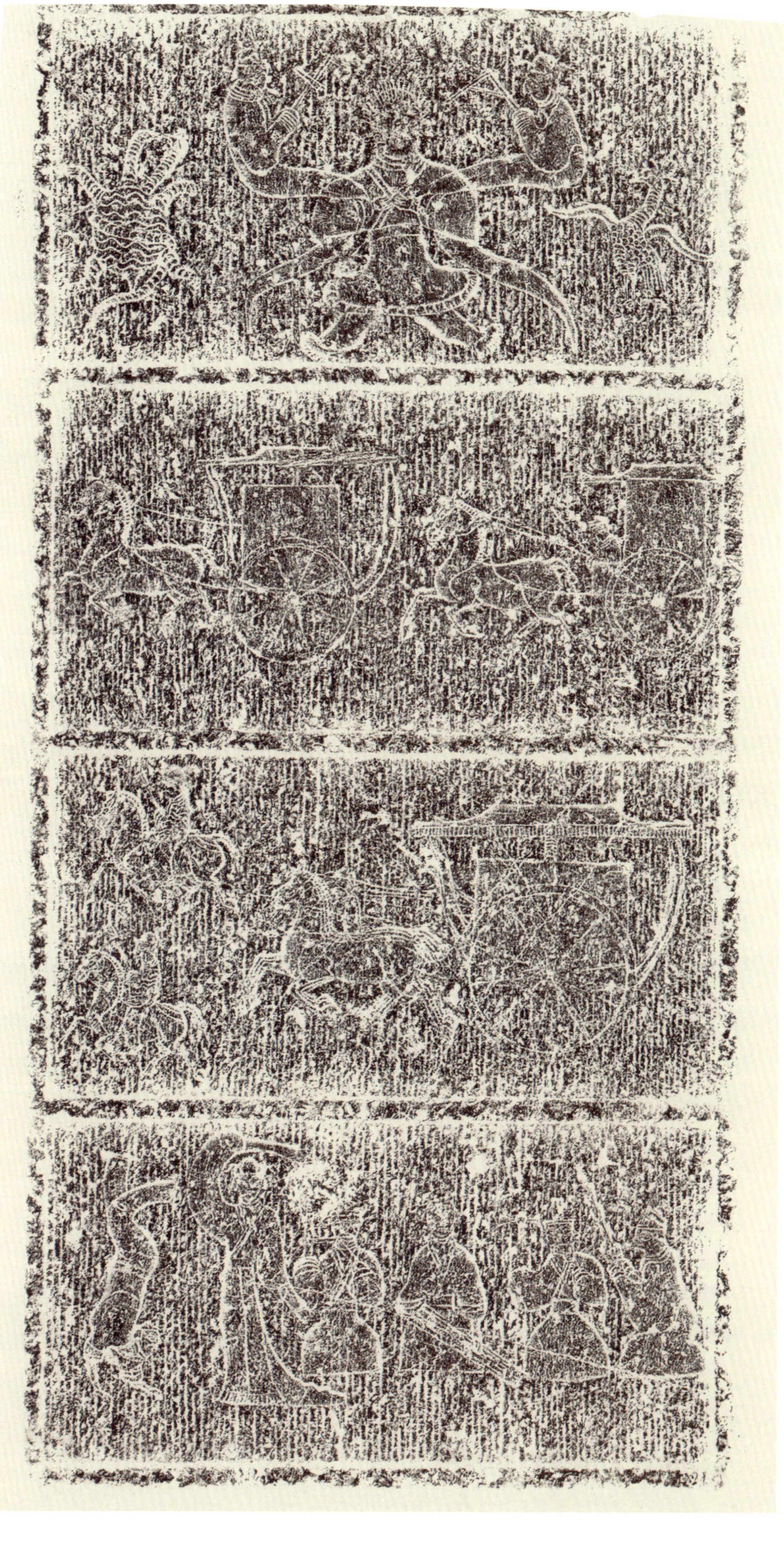

年代：东汉；产地：山东费县；规格：74.5cm×122cm

高祖斩蛇

画面分上中下三层。上层最上残缺，但可以判断出左边是孔子见老子，点缀以神童项橐；右边可能是伏羲女娲造型，仅留两个蛇尾。中层是高祖斩蛇。下层占据画面二分之一强的图像是泗水捞鼎。

这里重点介绍一下高祖斩蛇。

故事出自《史记 · 高祖本纪》。说的是汉高祖刘邦在秦朝末年以亭长身份为沛县押送徒役去骊山，途中遇到一条大蛇，高祖趁醉拔剑将蛇斩为两段。有一老妇在暗夜哭泣，说她的孩子是白帝之子，化为蛇，挡在道路中间，如今被赤帝之子杀死。人们把老妪的话告诉刘邦，刘邦暗暗高兴，认为自己就是赤帝之子。追随他的人们渐渐对刘邦产生畏惧，觉得他神秘莫测，有如神助。

高祖斩蛇是刘邦为了树立自己的威信而编造的欺世神话，这也是两汉谶纬之术大行其道的根本原因。明代唐寅在《高祖斩蛇图》诗中说“四海横行无立草，妖蛇那得阻前驱”，显然没有弄明白高祖斩蛇故事的真义。

画中一长蛇凭空飞起，左边的役卒吓得目瞪口呆，手足僵硬。右边佩长剑者为负责押解的亭长刘邦。他尽管也被眼前一幕惊得瞠目张口，却机警地躲开毒蛇攻击，并下意识地按剑。画面极具戏剧性和生活气息，像《水浒传》中的武松打虎一样，并没有神化英雄，而英雄气概于细节中已纤毫毕见。

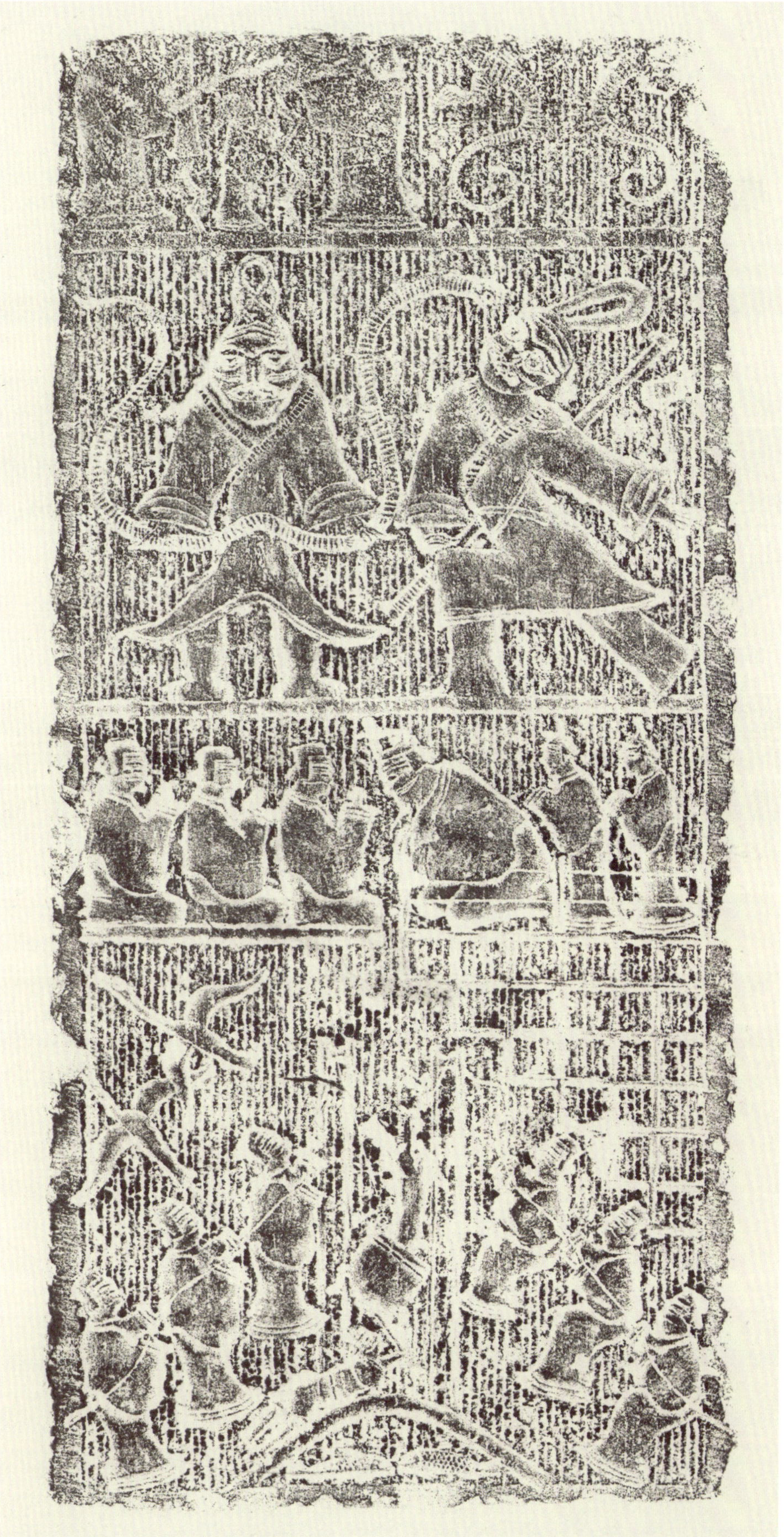

年代：东汉；产地：山东嘉祥；规格：74cm×124cm

魔术与造车

画面分四格。

第一格为魔术表演。一共有三项表演内容。左边是吐火表演。中间表演的是绳穿木。右边表演的是双簧戏：一堵墙两侧，左边一人坐在方凳上表演，右边一人念念有词，二人配合表演。双簧戏今日归入曲艺类节目。

第二格为造车场面。右边二人一站一坐，正在加工制作车轮、车辐。左边一人在向釜中倒水或倾倒药料，这是制车工序中的一个环节，将有些部件放入沸水或药汤中蒸煮浸泡，使其性能得到最大释放。

第三格为周召共和，周成王右侧应为周公，榜题“周公”。周公身后应为召公，榜题二字，下字为“公”，上字漫漶不清，应为“召”。

第四格为系马扶桑，马身上搭有漂亮的马衣；树上有两个鸟巢，巢中有母鸟哺育雏鸟，枝头与空中有飞鸟翩跹。

可以看出，此汉画自下而上，反映的分别是神话故事、历史故事、生产情景、文娱生活，展示的是自洪荒年代到汉朝几千年间的历史画卷。

年代：东汉 产地：山东嘉祥 规格：74.5cm×120cm

伯乐相马

画面分三层。

第一层为孔子见老子。画中的神童项橐推着双轮玩具推车，让我们一睹汉代儿童玩具的精妙。

第二层为伯乐相马。

传说天上管理马匹的神仙叫伯乐。人们把精于鉴别马匹优劣的人，也尊称为伯乐。第一个被称作伯乐的人本名孙阳，他是春秋时人。他对马的研究非常出色，今天人们说的伯乐，一般指的都是他。

伯乐相马的故事有很多，如伯乐遇千里马拉盐车、伯乐推举九方皋。

关于伯乐的名言也有很多，如“使骥不得伯乐，安得千里之足”（《韩诗外传》）；“世有伯乐，然后有千里马。千里马常有之，而伯乐不常有”（韩愈《马说》）。

春秋时随着生产力的发展和军事的需要，马的作用已凸显，养马、相马遂成为一门重要学问。伯乐就是在这样的历史条件下应运而生。

画中身背行囊、手抚马首的应该就是风尘仆仆、到处寻找千里马的伯乐。伯乐身旁应为其弟子九方皋，也可理解成是委派伯乐寻找千里马的秦穆公或楚王。

第三层为桐叶封弟。这是周公辅成王中发生的一个插曲，后面还会讲到。画中两个儿童，左边戴山形冠、双手指其左旁的小童者为成王，神气活现，童心十足。右边的小童应是叔虞，戴通天王冠，有点拘谨。周公把桐叶像华盖一样罩在他头上，好像在举行加冕仪式。最左有大臣持节，既是信义的凭证，也是典礼规范隆重的象征。

年代：东汉；产地：山东嘉祥；规格：55.5cm×63.3cm

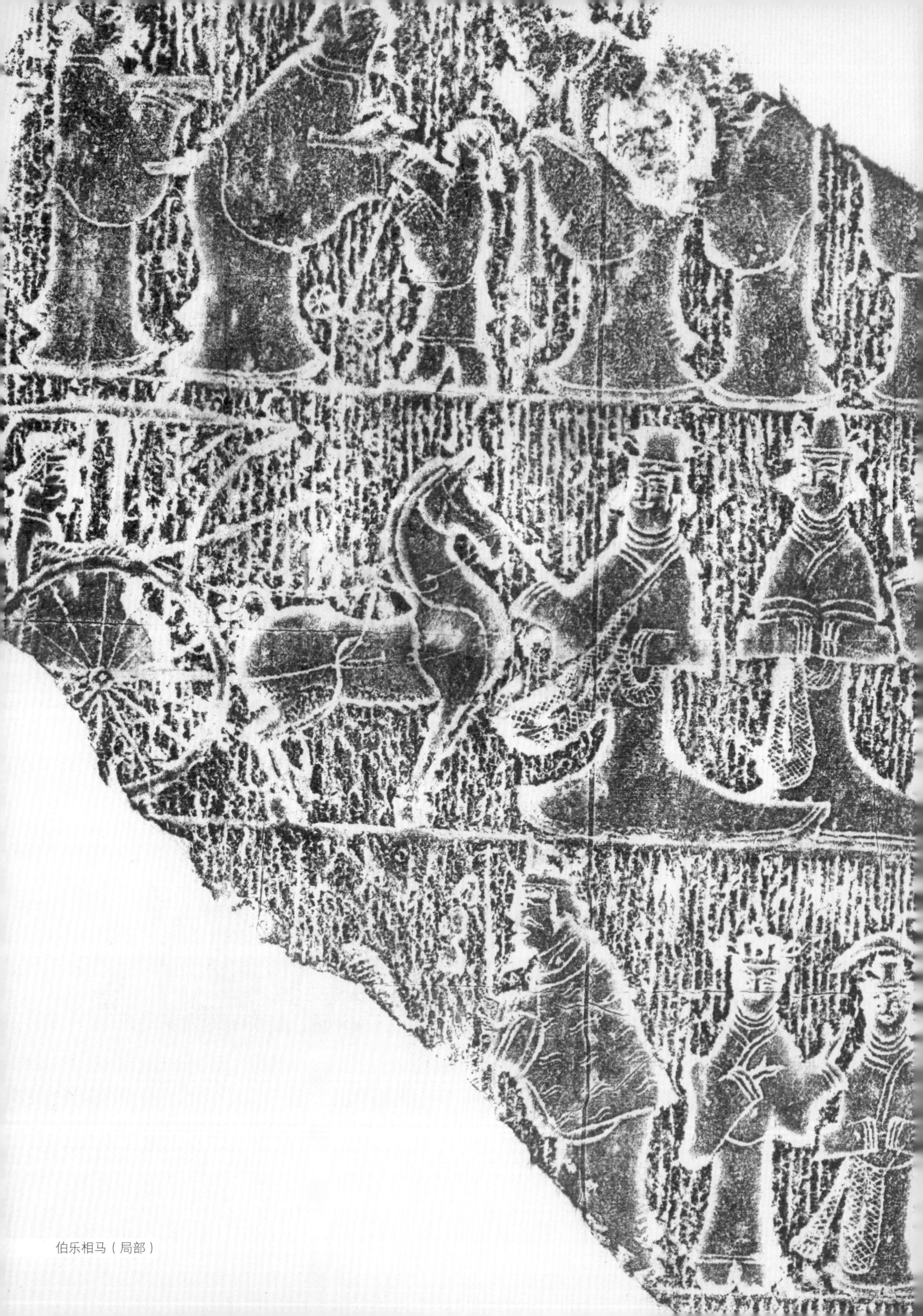

伯乐相马（局部）

战争与和平

此汉画为孝堂山石祠西墙壁画。孝堂山位于山东省济南市长清区孝里镇，原名龟山，春秋战国时称巫山，山顶上建有一石祠，相传是汉代孝子郭巨的墓祠。孝堂山石祠是我国现存最早的地面房屋建筑。

此汉画上端三角部分分上中下三层。上层是人首蛇尾、手中持规的女娲。女娲面前一对男女相向跪拜，似在拜堂，女娲见证他们成为夫妻，永结同心。左有人持刀逐狗杀狗，右有人踏云扬波，可能与盘瓠神话和河伯神话有关。下层，西王母凭几端坐，近旁有手拿灵芝仙草的仙人、捣药的玉兔、三足乌和九尾狐等。中层为魔术表演。其中左半部为两组贯胸表演，也就是用木棒穿透胸膛。左右各有三人，似乎是参与表演的群众演员。最右一人左向跪迎，似乎在为参与表演者压惊。右边二人持殳吁气，殳杆顶端呈丫式，似在表演木杖发芽。这与瓦格纳歌剧《汤豪塞》里拐杖发芽情形相似。

接下来两层是兵车出征图。

第六层，一般解释为拜谒相迎。左边五人，三、二相对，中间置一大盆，上插一剑。这应是盘水加剑。盘水加剑是汉代以令其自杀来处死大臣的一种刑罚，是对有罪当死的大臣不加侮辱、让其保持尊严的处死方式。其中盘水表示法律和公平，剑表示制裁。画面剑柄指向的一方应是罪臣，他身后的两个执谒者应为随从。对面鞠躬揖拜者应是传达圣旨并监督执行的钦差。联系整幅汉画，应是指挥官指挥不力，造成战事重大失利。右边的两组揖拜活动，可能也与战争有关，很像是外交谈判的场面。

第六层以下，画面复杂丰富，可以名之为“胡汉战争”。交战的主要方式是骑射。左下有羁押的俘虏，斧架上悬挂两颗敌虏的头颅。右下有敌兵投降、汉将军受降仪式。最下面是田猎画面，狩猎者或荷毕罗，或驱遣鹰犬，或举戈矛刺击野兽。重围之中虎、豹、鹿、兔惊慌四窜。画面左边是一座楼阁，下为主人接受揖拜，上为女眷私房生活。在紧张刺激、血腥惨烈的战争画面中，让人看到古代将军指挥若定的沙场生涯。

年代：东汉；产地：山东济南；规格：201.5cm×148cm

战争与和平（局部）

鼓车出行

此画原石现存济南孝堂山。

中国古代有鼓车。鼓车大致分为两种。一种是战争中可移动的，用以传达军令、激励士气的配置，由车马或数十人牵引，上边放直径两三米的大鼓一个，响锣数个，配备擂鼓人一名，敲锣人若干名。这种鼓车上的鼓声可声传十里，通常置于进攻部队的最后方，跟随部队一起移动，用以激励士气和传达军令。另一种是记里鼓车，由“记道车”发展而来，用于计算道路里程。因为行一里一打鼓，故名“记里鼓车”。记里鼓车上执槌击鼓的是木人。这种会自动记载行程的鼓车，被认为是中国古代的机器人。

这幅汉画画面正中就是一辆鼓车。车由二马牵拉。车上有高大的建鼓，鼓身饰以精美花纹，鼓体下边左右各悬一铃，上有龙头羽葆，左右各有一鼓伎执槌劲舞击鼓。鼓下车厢内鼓柱两侧，各有二人举盅啜茗。鼓车前后，有浩浩荡荡的车马行进。无论

是驾车的骖乘之马还是单骑匹马，包括驾鼓车的马匹，皆步调一致，姿态如马术中的盛装舞步，表明所有的马匹均踏踩建鼓鼓点行进。

很明显，此画中的鼓车为建鼓战车。但画中并非战斗场面，更似一场阅兵活动。根据建鼓上的龙头羽葆判断，这应该是汉天子的阅兵场面。

再来看鼓车左面的车马，驷马器宇轩昂，车上四维华盖，端的非同寻常。

《左传》称："国之大事，在祀与戎。""祀"指国家的公祭仪式，"戎"是国家的军事行动或战争。阅兵是兼有"祀"和"戎"的国家大事。

据史料记载，我国最早的阅兵发生在四千年前夏朝建立前夕。当时夏禹与中国北方的华夏部落为了向江南发展，各部落首领会集于今嵩山一带的涂山，与南方各部落首领会盟。在那次盛会上，士兵手持各种用羽毛装饰的兵器，和着乐曲载歌载舞。周武王伐纣前，在孟津组织军事演习，吸引多个诸侯国加盟，为伐纣做准备，史称"孟津观兵"，这是历史上比较早的规模较大的正式阅兵活动。

汉朝是一个充满英雄主义的年代，盛行"明犯强汉者，虽远必诛"。汉军经常举行各种规模的军事演习，无论是中央军还是地方军，每年秋季都要举行一次，称为"秋射""校阅"或者"都试"。中央设有都试郎，总阅试习武备。据《汉书》记载，由于训练及校阅制度的有效实施，汉初的军队逐渐形成对匈奴的作战优势。

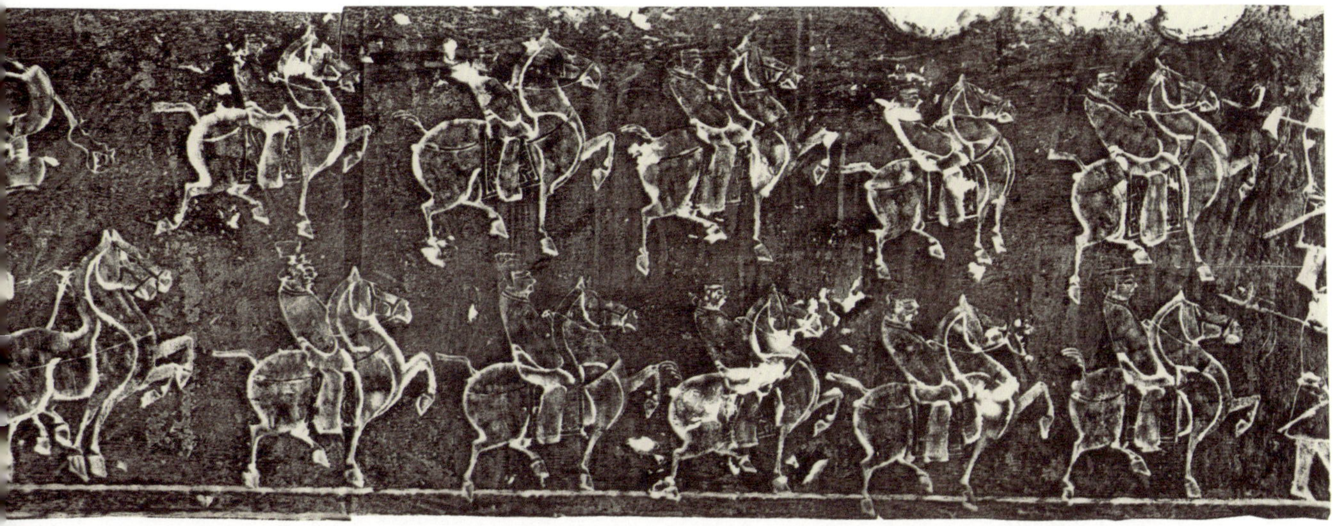

年代：东汉；产地：山东济南；规格：175.5cm×32.5cm

鼓车出行（局部）

连　宇

原石现存济南孝堂山，与《鼓车出行》为同一石。

中国古代建筑具有悠久的历史传统和光辉的成就。

早在五十万年前的旧石器时代，生活在祖国大地上的中华先祖就已懂得利用天然洞穴做栖身之所。到新石器时代，黄河中游出现利用黄土层为墙壁，用木构架、草泥建造的半穴居住所，进而发展为地面建筑，并形成聚落。长江流域，出现防水防虫的干栏式建筑。古代文献多有“构木为巢，以避群害”“上者为巢，下者营窟”的记载。考古发掘显示，在六七千年前，中华先民已知使用榫卯构筑木架房屋。

公元前 21 世纪夏朝建立，标志着原始社会结束。经过夏、商、西周而至春秋、战国，中国大地上先后营建了许多都邑。以宫室为中心的都城夯土版筑，辟有高大的城

门，墙外周以城濠。宫殿布置在城内，建在夯土台之上，木构架成为主要的结构方式。屋顶已开始使用陶瓦，而且木构架上饰以彩绘。

秦始皇吞并六国，建立起中央集权的大帝国，并倾全国人力、物力在咸阳修筑都城、宫殿、陵墓。从阿房宫遗址和始皇陵东侧的兵马俑列队埋坑，可以想见当时建筑之恢宏。

西汉开国，在秦章台的基础上，萧何监造，在长安城地势最高的西南角龙首原上，建成未央宫。未央宫是中国古代规模最大的宫殿建筑群之一，总面积有北京紫禁城的六倍之大，亭台楼榭，山水洲池布列其中，其建筑形制深刻影响了后世宫城建筑，奠定了中国两千余年宫城建筑的基本格局。

汉武帝在长安城内又兴建了桂宫、光明宫；西汉末年还在长安南郊建造明堂、辟雍；东汉光武帝依东周都城故址营建了洛阳城及宫殿。

宫廷建筑也深深影响着民间建筑。汉代《古诗十九首》写道：“西北有高楼，上与浮云齐。交疏结绮窗，阿阁三重阶。”说明汉代达官显贵之家同样极尽峻伟夸饰。

阿房宫和未央宫都“一椽不存”了。此汉画中的连栋广厦、叠檐层阙，可以让我们遥想汉宫阙的辉煌美丽。

左边楼宇二层，正中两个贵族子弟正纹枰对坐。这是汉画中少见的围棋对弈画面。

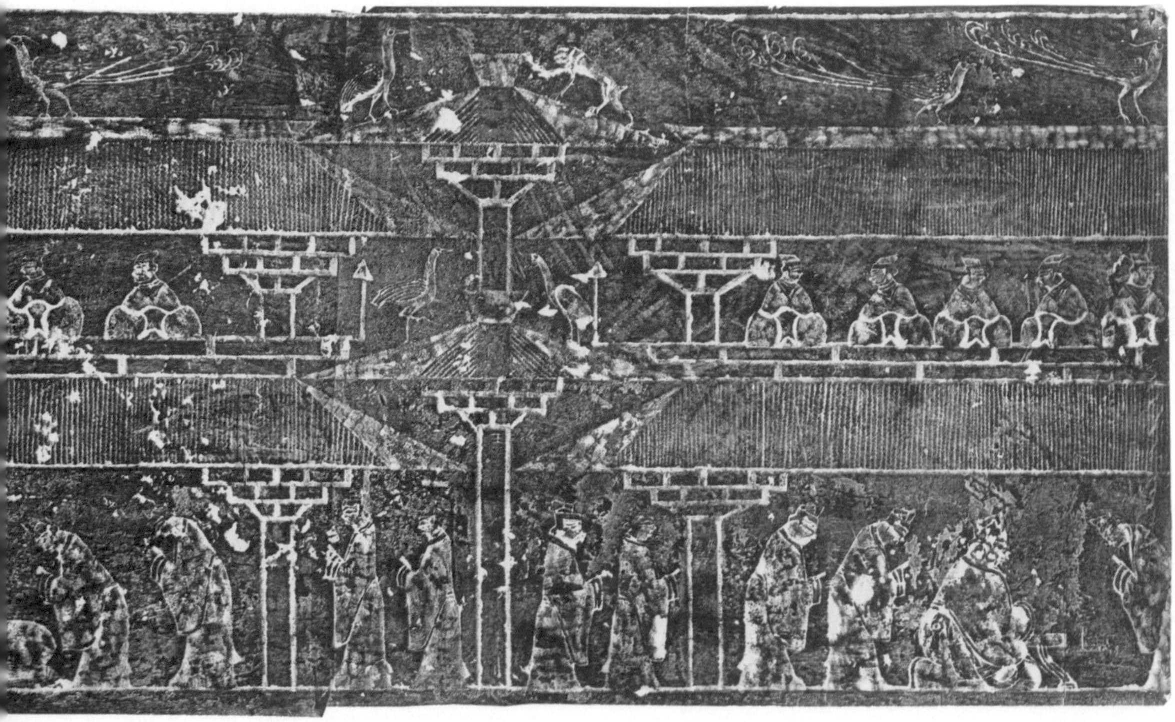

年代：东汉；产地：山东济南；规格：175cm×50cm

织女星

迢迢牵牛星，皎皎河汉女。纤纤擢素手，札札弄机杼。终日不成章，泣涕零如雨。河汉清且浅，相去复几许！盈盈一水间，脉脉不得语。

这是汉代《古诗十九首》里的诗句。这首诗以一个织布女的口吻，为我们呈现了牛郎、织女被银河阻隔而不得会面的悲剧神话传说，令人惋惜动容。

汉画《织女星》展现的正是《迢迢牵牛星》这首脍炙人口的汉代诗歌描画的动人情境。

画面左右各有一圆，右边的圆内刻画着蟾蜍和玉兔，表示月亮。左边的圆内刻画

一只鹊鸟，表示太阳。日月两边，各有七星，表示斗转星移。左边星云之间，有一飞鸟，这可能表示另一只阳乌，没有值日，就在太空遨游。

在日轮右侧，织女坐在织机前，正“札札弄机杼”。她头顶身后，共有九颗星。其中上面的六颗星呈线拐形，下边的三颗星呈织梭形，九颗星合在一起，表现的应当就是织女星，也透露出织女为“天孙”的神秘身份。

与织女星遥相呼应，在月轮左边，有三颗星，表现的应当是牵牛星，示意牛郎担着一双儿女，在追赶和守望织女。

从画面中的凄怆织女可以直观看出，汉代人对她的遭遇给予了无限同情。

年代：东汉；产地：山东济南；规格：190cm×24cm

织女星（局部）

象之大者

原石现存济南孝堂山。

上端三角部分，蛇尾人身手中持矩的是伏羲，屋顶右上位置盘坐的是东王公。其他部分是魔术和幻术表演。中间偏下位置是风伯吹屋，风伯捧吹风管，掀翻了屋顶，吹飞了一个弓弩手手中的弓。左边是鼓车出行，右边是解锁和吐火燃烛表演。

下面两层为车骑巡行行列，其中有骆驼和大象。骆驼为西域沙漠特产，大象为南方特产。骆驼和大象的出现，表现出汉代疆域之广和中原与四方经济文化交流之盛。

耐人寻味的是，大象上坐有三人，各执钩镶。其中坐在最前面的一人，钩镶下垂纶线，线上系一舟，舟很纤巧，宛若戥子。这让人很容易联想到“曹冲称象”。

曹冲字仓舒，曹操之子，东汉末年人物。曹冲称象的故事见于《三国志》，故事发生的时间大约为公元 203 年。而孝堂山石祠建于东汉早期，从石室内石梁上参观者的题记可知，早在东汉永建四年（129 年），已经有人参观过孝堂山郭氏祠。这表明早在曹植出生前一百多年，就已经有类似于曹冲称象的故事在山东地区流传。

在通常被视为拜谒图的倒数第二层最右，是一个吊起来的人偶，类似于稻草人，但是穿着人的衣冠。人偶左侧，有人朝他搭弓射箭，前有小儿观看，后有人排队，似乎在等候体验射人活动。

最下面一层建鼓舞右侧，为背橦表演。橦上有二人攀缘，有一衣冠木人，还有一人在表演高竿倒挂。背橦者右边，上有一人在弄丸，下有一人在射单，单也就是弹弓。

年代：东汉；产地：山东济南；规格：208cm×133.5cm

象之大者（局部）

食

《汉书 · 郦陆朱刘叔孙传》:“王者以民为天，而民以食为天。”此汉画像石共分三层，表现的都是与食有关的内容。

第一层是劳军图。一支车马师旅自右向左急急行军。左边尽头有二人，各持谒版、布帛躬身迎候。沿途有食盒、汤盆，还有灶上置釜甑，一派“箪食壶浆以迎王师”的景象。

第二层为宴飨图。右边为盛大的筵席，宾客如云。筵席左边站立四人，交谈指画。地上置二酒坛。左边建筑物似为庖厨。

第三层，中间矗立着两个巨大的粮仓，兆示着富足的幸福生活。左边双层楼宇上下，有两两成对四组人，显示四代同堂，和谐美满。仆役捧着硕大的食盒，猿攀鹊落，寓意封侯加爵。右边庖厨顶上鱼儿跃起，水波涟漪，表示屋顶筑有鱼池。鸡鸣鸭呷，古木蓊郁，一派祥和。

年代：东汉；产地：山东济南；规格：125cm×101.5cm

水　榭

榭是建在台上或水上没有房间的敞屋或庙堂。建于台上的称台榭，建于水上的称水榭。

中国园林中水榭的典型形式是在水边架起平台，平台一部分架在岸上，一部分伸入水中。平台跨水部分以梁、柱凌空架设于水面之上。平台临水围绕低平的栏杆，或设靠椅供人坐憩凭依。平台靠岸部分建有长方形的单体建筑，建筑面水一侧是主要观景方向，开敞通透，既可在室内观景，也可到平台上游憩眺望。

此画中上面的四只奔鹿为吉祥性装饰，也可理解成水榭附近有园囿，里面群鹿奔逐。其余主体画面为水榭，分三部分。

栏杆右上为台。台上有人或单独或三三两两聚坐，饮茶观景。水边有六人凭栏观鱼。

左下为池陂。池中有大鱼细鳞。水面左边有舟，舟上有人荡桨，有人撒网。右边有人以罾捕鱼。

左上为榭。榭为卷棚式，柱上有斗拱。榭中有二人隔栏观池。榭下有七级台阶伸向水中，近水之处有人垂钓。

白居易《仲夏斋居偶题八韵寄微之及崔湖州》有句：“水榭风来远，松廊雨过初。”表达的正是在雨后水榭的惬意心情。

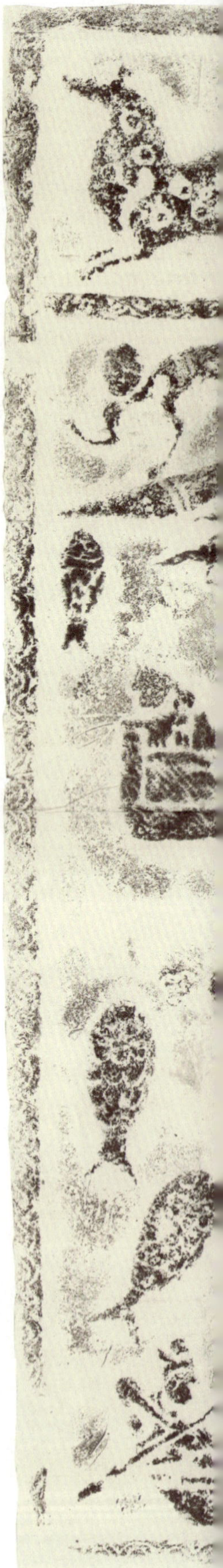

年代：东汉；产地：山东微山；规格：79cm×82.7cm

扁　鹊

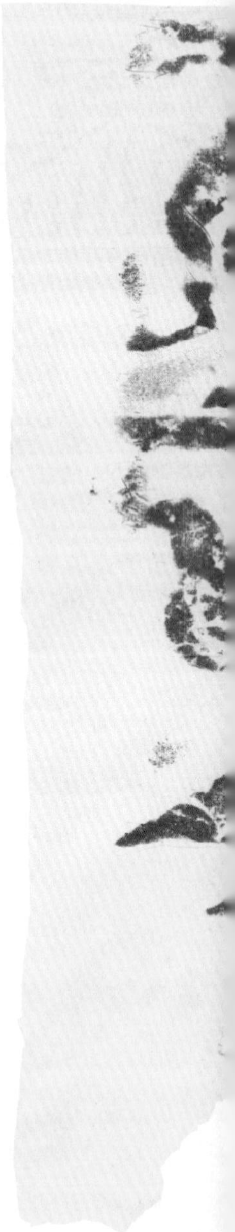

扁鹊原指古代传说中能为人解除病痛的神鸟。黄帝时代有神医扁鹊。后世把艺术高明、医德高尚的人尊称为扁鹊。

春秋战国时期，有渤海郡郑人秦缓，字越人，号卢医，医术非常高超。他少时学医于长桑君，尽得其医术禁方，擅长各科。在赵为妇科，在周为五官科，在秦为儿科，名闻天下，被认为是神医扁鹊。秦太医李醯医术不如扁鹊，心生嫉妒，使人暗中刺杀了扁鹊。

相传扁鹊发明了望、闻、问、切四步诊病法，还著有中医典籍《难经》。

晋国大夫赵简子病了，五日五夜不省人事。扁鹊看后说，血脉正常，没什么可怕的，不过三天一定会苏醒。过了两天半，赵简子果然苏醒。

扁鹊路过虢国，听宫中术士说太子死已有半日。扁鹊问明情况，认为太子患的只是一种突然昏倒不省人事的“尸厥”症，鼻息微弱，像死去一样。他让弟子协助用针砭进行急救，刺太子三阳五会诸穴。不久太子果然醒了过来。扁鹊又将方剂加减，使太子坐了起来。又用汤剂调理阴阳，二十多天，太子的病痊愈。从此天下盛传扁鹊能起死回生。

扁鹊最有名的故事是为蔡桓公诊病，认为要把病消灭在萌芽状态，等到病入膏肓，谁也无能为力。

汉画中的扁鹊常常表现为一只人面鸟身的神鸟，手拿砭针或砭石为人诊病。此汉画中的人面鸟就是扁鹊，它左手持砭石，右手持砭针，正在为面前的病人诊治。

《山海经》中西王母的使者三青鸟口含琅玕，填海的精卫鸟口含木石，这应当是扁鹊的原型。汉画中多有朱雀口含丹粒，也可以视为衔砭石为人治病的扁鹊。

年代：东汉；产地：山东微山；规格：62cm×50.8cm

骏　马

《后汉书·马援传》说：“马者，甲兵之本，国之大用。”

骏马也被称为龙和天马。

在中国历史上，项羽的乌骓、吕布的赤兔、刘备的的卢，其故事因为司马迁等人的生花妙笔而脍炙人口。

中国古代最大的两个“马粉”，是周穆王和汉武帝。周穆王爱马、多骏马、骑宝马拜会西王母的故事屡见于先秦文献。汉武帝爱马，认为骏马是帝国大业的保证，因而四处寻觅。

汉武帝得天马于渥洼水中后作《太一之歌》：“太一贡兮天马下，沾赤汗兮沫流赭。骋容与兮跇万里，今安匹兮龙为友。”得天马于大宛后，又作歌曰：“天马来兮从西极，经万里兮归有德。承灵威兮降外国，涉流沙兮四夷服。”

西汉初期，骑兵在军队编制中已成为主要的作战力量。为了建设精锐的骑兵，驯养良马成为关键。为提高中原马匹的品质，汉朝统治者通过纳贡、互市、战争等手段大力引进外来优良马种，以对原有马种进行改良。

西域自古盛产名马，尤以乌孙马和大宛马最为著名。伴随着丝路上的往来交流，西域良驹进入中原，深受统治者的喜爱。汉武帝时期，曾遣细君公主出嫁乌孙（今伊犁河流域），得乌孙马千匹，又多次派遣使者赴大宛（今中亚费尔干纳盆地）及西域诸国寻求良马，甚至不惜付出战争的高昂代价。

汉武帝在宫廷特造“大宛厩”，指派专人饲养名马。他还鼓励民间养马，规定养马一匹可免除徭役。于是“众庶街巷有马，阡陌之间成群”。来自西域的良驹与本土马匹交配，使汉马日益强壮，此后“天马”便成为良马的代名词。良马使汉朝的骑兵力量不断壮大，为战胜匈奴奠定了基础。

这幅汉画中的骏马图，既是汗血宝马的生动剪影，也是秦汉时期国家重视良马养殖并用之于军事活动的缩影。

年代：东汉；产地：山东泰安；规格：66cm×38cm

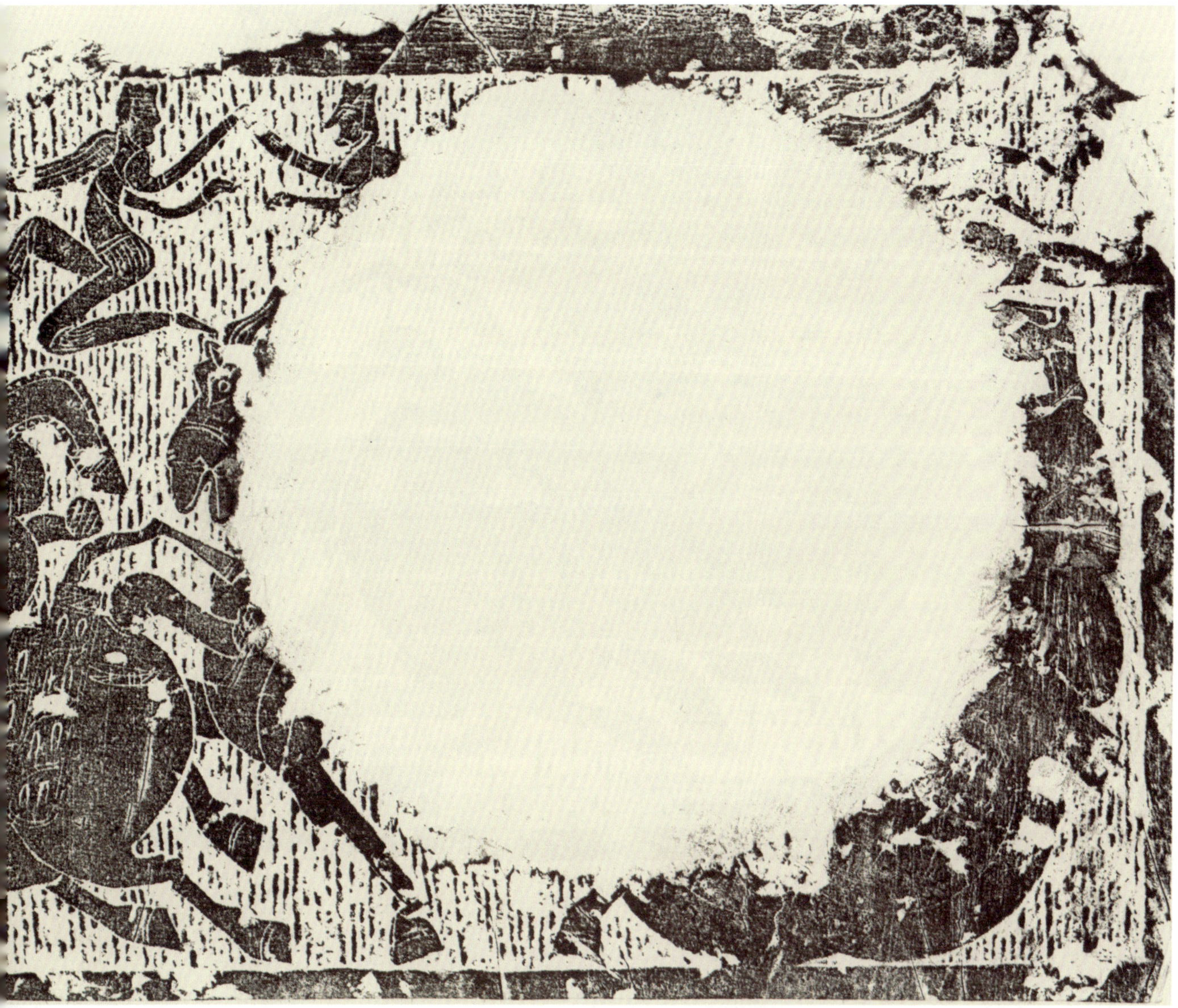

骏马（局部）

獬豸断案

皋陶是中国司法鼻祖，他是舜帝和夏朝初期掌管刑法的“理官”，以正直闻名。

传说皋陶使用一种叫獬豸的独角兽来决狱。獬豸有点像山羊，大多数文献说它只有一只角。獬豸很有灵性，有分辨曲直、确认罪犯的本领。皋陶判决有疑时，便将神异的獬豸放出来，如果那人有罪，獬豸就会顶触之，无罪则否。獬豸甚至会将罪大恶极的人用角抵死，令作奸犯科者不寒而栗。

獬豸古时常写作解廌。“法”字古时写作“灋”，由氵、廌、去三部分组成，氵代表执法公平如水；廌就是獬豸，代表祛恶扬善，天网恢恢疏而不漏；去表示除恶务尽。《说文解字》释“法”：“刑也。平之如水，从水；廌，所以触不直者；去之，从廌去。”可见法律的“法”这个字，就源自獬豸。

这幅汉画为我们保存了汉代以前法官利用獬豸决狱断案的情景。

这是寻常一日，大道上车马不绝，有老奴洒扫庭除，有卫士抱戟护院。但在后院二层楼上，端坐的尊贵主人未提防前来拜谒的后生是个坏人，于是发生了悲惨一幕。

之所以这样说，是因为后生身后一只神羊奋蹄挺角毫不犹豫顶向他，而他也惊恐地回头看去。

需要指出的是，这不是犯罪现场，罪犯犯罪时也不可能有獬豸现场抵触犯人。这很可能是法官明察秋毫，在断案时断知犯罪现场的全部情形，在做案情陈述时，引入神羊獬豸，令疑犯口服心服，罪不可逭。

画中的神羊有两只角，有着马尾一样的尾巴，说明獬豸在汉代的造型并不是确定不变的，其中杂糅了天禄、辟邪、麒麟等瑞兽的特征。屋顶神羊角抵坏人部分，乍看似房屋开裂，细看能体会出这是汉代的“特写镜头”和情景回放，很像西方戏剧的“第四堵墙”，又似中国古籍中的“批注”和“夹注”。这种复杂高超的艺术表现手法，在全国其他地区的汉画像石上偶尔也可以看到。

年代：东汉；产地：山东成武；规格：71cm×72cm

叁

四川、甘肃汉画

隋侯济蛇得珠

隋珠是中国古代与和氏璧齐名的稀世珍宝。《墨子》说："和氏之璧，隋侯之珠，三棘六异，此诸侯之所谓良宝也。"

相传隋侯救了一条蛇，这条蛇后来衔来一颗明月宝珠报答他。《庄子》《韩非子》《吕氏春秋》《淮南子》等诸多文献都对隋珠不吝赞美之词，说明隋侯救蛇得珠的故事在汉代以前已广为流传。

此汉画刻绘的正是灵蛇报珠的故事。画面中一少年抱剑曲肱而眠。此人应是隋侯。一长蛇昂首曳尾，从隋侯怀中穿出，隋侯安然高卧，毫不惊惧。画面右下隋侯足旁，醒目地安放着一颗宝珠，这应当就是神蛇报答隋侯的灵珠。

隋侯济蛇得珠的故事既赞美了善良之举，又宣扬了报恩思想。

年代：东汉；产地：四川雅安；规格：46cm×27cm

桐叶封弟

西周初年，周武王姬发驾崩，太子姬诵年幼，在周公姬旦辅助下成为国君，史称周成王。

一日在宫中玩耍，姬诵随手捡起一片桐叶，剪成玉圭形送给弟弟叔虞，说：“我用这个分封你。”

周公知道后问姬诵：“您要分封叔虞吗？”姬诵说：“怎么会呢？那是我跟弟弟说着玩的。”周公说：“天子无戏言！”

于是姬诵只得选择吉日，封叔虞为唐侯，史称唐叔虞。历史上将这一故事称为“桐叶封弟”。这也是“天子无戏言”的来历。

古唐国在今山西省，因境内有晋水，后改为晋。位于晋水源头、悬瓮山下的晋祠，纪念的就是“桐叶封弟”故事的另一个主角唐叔虞。

画面中头戴山梁冠的童子为年少的周成王，其旁为周公，擎一段桐枝罩在成王头顶，象征华盖。桐枝上垂下一个个亚腰葫芦样的东西，这象征成王刻桐作圭以封弟。

实际上，葫芦造型是甲骨文玄、午二字。它作为神秘的权力符号和生命符号，经常出现在河南、山西、陕西、浙江、四川等地汉画像石、汉画像砖上的西王母头饰上，成为“西王母戴胜”的标志性造型。在山东汉画像石的神树建木扶桑上，它作为神奇的果子或悬垂或挺举。在四川汉画像砖《野合图》上，它还与一茎茎壮硕的男根并列悬挂于枝头。

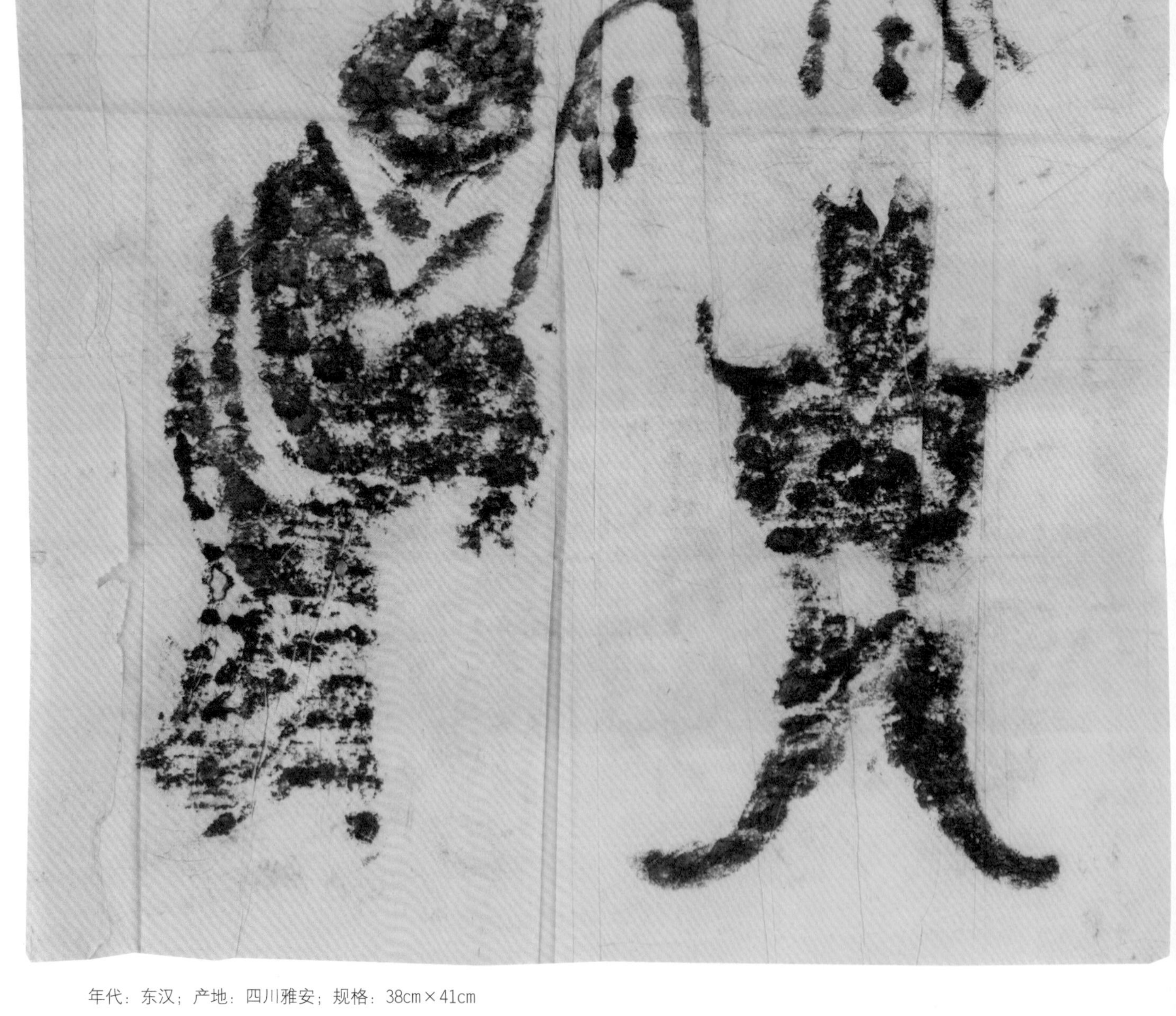

年代：东汉；产地：四川雅安；规格：38cm×41cm

丹雀衔九穗禾

画面上，一株嘉禾，嘉禾右下有一只大鸟，鸟爪攫着禾根，仰首张喙，吞接从禾穗下落的谷粒。嘉禾左边，一只小鸟和大鸟一样在仰接谷粒。这是一幅“丹雀衔九穗禾”图。

解释这幅汉画，要从《拾遗记》里的一段记载说起。

晋代王嘉写的《拾遗记》这样写道：“（炎帝时）有丹雀衔九穗禾，其坠地者，帝乃拾之，以植于田，食者老而不死。”意思是说，炎帝神农氏时，有天上神鸟丹雀衔了一枝九穗禾。九穗禾上的种子掉到地上，炎帝拾起来种到田里。九穗禾的种子在土地里萌芽、生长，长成九穗禾的样子。地上的禾株也结出了谷穗，人们吃了可以长生不死。

神农氏是教会人们种百谷的中华人文始祖。在这个神话故事里，神农氏发明农业是受了丹雀衔九穗禾的启发。

禾，人们大多知晓为谷物。《说文解字》释禾：“嘉谷也。以二月始生，八月而孰，得之中和，故谓之禾。”但在远古时候，谷、禾还是神树的名字。

《山海经 · 南山经》：“有木焉，其状如谷而黑理，其花四照，其名曰迷谷。”

《山海经 · 海内西经》：“木禾，长五寻大五围。”

《穆天子传》：“黑水之阿，爰有野麦，爰有答堇，西膜之所谓木禾。”

因此，《说文解字》又说：“禾，木也。木王而生，金王而死。从木，象其穗。”可见，禾字本身就是九穗禾的象形。

其实在汉字中，最像九穗禾的还不是禾字，而是黍字。在甲骨文里，黍字写作  等形，与三星堆中的青铜神树造型极其相似。

回过头来再看汉画《丹雀衔九穗禾》里的九穗禾，与甲骨文黍字也颇为相像。

年代：东汉；产地：四川雅安；规格：51cm×32cm

季札挂剑

这是一幅季札挂剑图。

画上左边土丘为坟丘，坟丘右边为松柏之树，树干上斜挂一长剑，剑首柄朝右上方空中，剑柄朝左下，与坟丘相连。

整个画面表现春秋时期吴国公子季札重义轻宝、挂剑墓树的动人故事。

据《史记》等文献记载，春秋时，吴王派公子季札出使鲁、齐、徐、郑、郤、卫、晋等北方诸国。

季札出使徐国时，徐国国君看到他佩带的宝剑，赞不绝口，流露出喜爱之色。季札也看出徐君的心思，但因还要到中原和北方各国出使，不便当即把宝剑送给他，就暗下决心，归来路过徐国时一定把宝剑献给徐君。

等季札出使列国归来，徐君已死。于是季札到徐君墓前祭奠，奠毕解下宝剑，挂在徐君墓旁的树上。

人问“徐君已死，还留下宝剑为何”，季札说：“当初我内心答应了徐君，怎么能因为徐君已死，就违背自己的心愿呢？”

季札挂剑的故事讴歌了古代中国高士讲信誉、重情义，视财宝如粪土、重然诺如泰山的高贵品格。画中坟丘为两层，显示为新坟；墓树不大，显示为新栽种不久。孤独的墓旁，一株幼松傲岸挺立；树干上，一把笔直的长剑斜挂。整个画面简捷静穆，渲染出一曲孤高凄婉的英雄主义赞歌。

鲁迅藏山东武梁祠左石室画像同样刻画了“季札挂剑”。其造型是：

丘墓。丘墓左边有弱松；丘墓右边有案，案上有供飨。供案右边有一人，面向丘墓叩首致奠，当为季札；丘墓左后方，有一人跽跪还礼，佩剑掩面，此人当为继任的徐君；季札后面，一人跽跪抱剑，面后仰，此人当为季札随从，其情貌似对季札之举不以为然。画面悲情洋溢而富戏剧性，同样感人至深。

年代：东汉；产地：四川雅安；规格：27.5cm×30.5cm

黄龙五瑞图

这幅汉画位于甘肃成县西狭中段，为《西狭颂》摩崖石刻组成部分之一。《西狭颂》全称《汉武都太守汉阳阿阳李翕西狭颂》，正名《惠安西表》，又称《李翕碑》《李翕颂》，俗称《黄龙碑》。《西狭颂》摩崖石刻由篆额、正文、题名和《五瑞图》四部分组成。这幅汉画就是其中的《五瑞图》。

画上阴线刻凿“黄龙”“白鹿”“木连理”“嘉禾”“甘露降”和“承露人”等 6 幅图像及对应榜题 6 处。

画像左侧石壁题刻：“君昔在黾池，修治崤嵚之道，德治精通，致黄龙、白鹿之瑞，故图画其像。”

画像和题刻共同记录了武都太守李翕在渑池为官时治理崤函之道的功绩和出现“黄龙、白鹿之瑞”奇观的情形，与左边的《西狭颂》交相辉映。

祥瑞也称“符瑞”。汉代祥瑞文化源于“谶纬之学”和董仲舒“天人感应说”。董仲舒认为“王者承天意以从事”，“天亦有喜怒之气，哀乐之心”。《汉书 · 盖诸葛刘郑孙毋将何传》说：“天之所与，必先赐以符瑞；天之所违，必先降以灾变，此神明之征应，自然之占验也。”两汉君臣对符瑞深信不疑。

黄龙五瑞图是我国为数不多的摩崖汉画之一，也是唯一一幅与长篇铭刻并生的摩崖汉画，同时也是迄今为止发现的唯一一幅纪功汉画，对于研究中原汉画和中原文化对西部地区的影响有重要价值。其简疏的线条，写实的风格，优美的题字和题款，也开了中国画的先河。

北宋曾巩《汉武都太守汉阳阿阳李翕西狭颂》记：“自晋以来，名能画者，其笔迹有存于尺帛幅纸，盖莫知其真伪，往往皆传而贵之，而汉画则未有能得之者，及得此图，所画龙、鹿、承露人、嘉禾、连理之木，然后汉画始见于今。”由此开始，汉语语汇中正式有了“汉画”一词。

年代：东汉；产地：甘肃成县；规格：97.5cm×159.2cm